関西 日帰り
駅から楽しむ 山歩き
厳選コースガイド 増補改訂版

木暮人倶楽部　森林・山歩きの会 ●監修

Mates Publishing

MAP

🚃 「駅から山歩き」の愉しみ

　関西は他地域に比べ、「私鉄網が充実している」「市街地のすぐそばに手軽に登れる低山が多い」「巨岩や岩峰など展望のよい山が多い」など、電車を使って駅から日帰りで楽しめる山が多い。

　ただ、関西の日帰りハイキングの山は標高 300 〜 800m の低山が多く、昨今は豪雨災害による通行止めや夏の高温には注意したい。また、低山では地図に載っていない道も多く、道迷いも気をつけたい。

　春の関西の里山には桜や菜の花が一面に萌え、山城・山寺・鎮守の森は秋には紅葉が燃えるように色づく。冬には霧氷や氷瀑を楽しめる山域もある。いろいろなコースで山、渓流、森林、古刹、岩場などを楽しめる。

関西　駅から楽しむ日帰り山歩き　厳選コースガイド　増補改訂版全体図

本書の見方・使い方

❶ 取り上げた山の標高を、小数点以下を四捨五入して示しています。渓谷などは、概ねの標高です。また、登山レベルを「初級・中級・上級」の３つで表示しています。「初級」は３時間ほどで歩ける散策コース、「中級」は５、６時間くらいは十分かかる丸１日コース、「上級」は中級レベル以上で、より歩行時間が長い、標高差・累積標高差が大きい、岩場・鎖場などが多いなどのコースとお考えください。

❷ 山名（渓谷名）とコースの紹介です。

❸ 登山適期を青で、特におすすめの時期を黄色で示しています。「歩行時間」はのんびり歩いた場合のコース全体の時間、「歩行距離」は全体の距離、「標高差」は登山口（もしくは最低地点）と最高地点（山頂など）の差です。いずれも「おおよその時間や距離」とお考えください。なお、「問い合わせ先」については、その山域の役場や観光協会などの名称と電話・URLなどの連絡先です。

❹ 電車を使う場合の往路・帰路の交通機関について、JR西日本大阪駅（私鉄・地下鉄など路線によっては大阪梅田駅、梅田駅など）を起点・終点として路線・乗換、所要時間などを示しています。特急・急行・各駅停車の別、乗換や乗継不要車両などによっても時間などが変わってきますので、概ねの目安とお考えください。なお、登山口の駅（もしくは下山口の駅）を写真で示しています。

❺「眺望」「草花・草原」「滝・渓谷」「神社・仏閣」「森林」「街並」「湖・沼」の７つのジャンルに「見どころ」を分類し、コースの特徴を示しています。

❻ それぞれのコースの特徴と周辺の見どころについてまとめています。

❼ 乗車する主要鉄道会社と山などの府県名です。

❽ どのようなコースか、歩く際の留意点などについてまとめたコースガイドです。コース中の主な地点については赤で表示し、次ページのコースマップ、登降イメージと対照させています。

❾ コースマップです。とりあげたコースは赤（コースタイムを表示）で、立ち寄り・おすすめス

関西　駅から楽しむ日帰り山歩き　厳選コースガイド　増補改訂版

⓾ 特に絶景ポイントは、その特徴を「❺見どころ」で示した色で囲んで表示しています。

⓫ 地図中に右に挙げたようなマーク（記号）でポイントを表示しています。

⓬ サブコースなどを緑線で示しています。

⓭ 登降のイメージ図です。登り下りのイメージとしてお考えください。

⓮ 下山口から登り、登山口に下りる逆コースでたどる際の留意点について記してあります。

⓯ コース中、またコース周辺で歩いて立ち寄れるおすすめスポットについてまとめています。

本書のデータは2025年1月現在のものです。なお、地図に関しては国土地理院発行の数値地図25000（地図画像）をもとに作成しています。

地図中のマーク	
▲	取り上げた山の山頂
START	スタート
GOAL	ゴール
──	コース
──	サブコース
❶❷❸…	コースを歩く順番
◀0:05▶	コースタイム
▲	山
W.C	トイレ
📷	撮影スポット
⛩	神社
卍	寺

5

CONTENTS

六甲・北摂・丹波・播州の山々

1 六甲山・有馬温泉 …… 8
931m

2 荒地山・ロックガーデン …… 12
549m

3 摩耶山・トゥエンティクロス …… 16
699m

4 須磨アルプス・横尾山 …… 20
312m

5 菊水山・鍋蓋山 …… 24
459m・486m

6 武庫川渓谷・廃線跡 …… 28
100m

7 妙見山・妙見山霊場 …… 32
660m

8 箕面滝・勝尾寺 …… 36
530m

9 百丈岩・静ヶ池 …… 40
292m

10 中山連山・中山寺 …… 44
478m

11 高御位山・鹿嶋神社 …… 48
304m

12 白髪岳・松尾山 …… 52
722m・687m

京都北山・琵琶湖周辺の山々

13 愛宕山・水尾の里 …… 56
924m

14 比叡山・延暦寺 …… 60
848m

15 瓢箪崩山・三宅八幡宮 …… 64
532m

16 貴船山・鞍馬寺 …… 68
700m

17 堂満岳・北比良峠 …… 72
1057m

18 リトル比良・揚梅滝 …… 76
703m

19 飯道山・紫香楽宮跡 …… 80
664m

20 繖山・観音正寺 …… 84
433m

21 三上山・妙光寺山磨崖仏 …… 88
432m

生駒・金剛・笠置の山々

22 生駒山・石切劔箭神社 …… 92
642m

23 笠置山・木津川渓谷 …… 96
288m

24 二上山・屯鶴峯 …… 100
517m・154m

25 交野三山・獅子窟寺 …… 104
341m

26 大和葛城山・葛城古道 …… 108
959m

27 金剛山・ダイヤモンドトレール …… 112
1125m

28 高取山・壺阪寺 …… 116
584m

29 青根ヶ峰・吉野 …… 120
858m

和歌山・紀泉高原の山々

30 高野山町石道・慈尊院 …… 124
800m

31 三石山・杉村公園 …… 128
738m

32 雲山峰・熊野古道 …… 132
490m

33 泉南飯盛山・孝子峠 …… 136
385m

34 俎石山・鳴滝不動尊 …… 140
420m

六甲・北摂・丹波・播州の山々

「駅から山歩き」のポイント

- 六甲山系は、たくさんのコースがある。枝道・分岐・獣道も多いので、特に道迷い・夕暮れの谷筋の下山には注意したい。また、駅から登山口までの住宅街で迷うことも多い
- 北摂で「駅から山歩き」できる山は限られるが、枝道・獣道・風水害による倒木などに注意
- 丹波や播州の山も「駅から山歩き」できるコースは限られ、また稜線は岩峰が多い

六甲山系から阪神地区・大阪湾を望む

1 六甲山・有馬温泉

表から裏へ、渓流・展望・温泉の六甲横断

ろっこうさん・ありまおんせん

標高 931m

中級

登山シーズン： 1 2 **3 4 5** 6 7 8 9 **10 11 12**

歩行時間 約6時間
歩行距離 約13.0km
標高差 約850m

問い合わせ先
神戸市建設局公園部
森林整備事務所
☎ 078-371-5937

▲ 草原のなか展望のよい六甲山最高峰

往路（約35分）

大阪梅田駅 →35分 阪急電鉄神戸線→ 阪急御影駅

帰路（約80分）

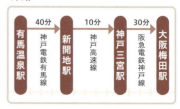

有馬温泉駅 →40分 神戸電鉄有馬線→ 新開地駅 →10分 神戸高速線→ 神戸三宮駅 →30分 阪急電鉄神戸線→ 大阪梅田駅

阪急電鉄神戸線「阪急御影」駅

コース・周辺の見どころ

眺望	草花・草原	滝・渓谷	神社・仏閣	温泉	森林	街並	湖・沼

神戸市街の北を東西に走る六甲山系。一般に南半分を表六甲、北半分を裏六甲と呼び、山系全体、縦横にたくさんのコースがある。このコースは、住吉道という緩やかな渓流に沿った道を登り、山頂で眼下に広がる神戸・大阪の大パノラマを楽しみ、魚屋道、筆屋道を有馬温泉に下る。渓流・歴史・森林・展望・温泉と日帰りハイキングとしてはバラエティに富んだコースだ。

六甲最高峰の展望

コースガイド

六甲山系の最高峰へ！

　表六甲から裏六甲へ、六甲山系をまたいでみよう。コースは神戸市東灘区の市街から住吉川に沿う住吉道をさかのぼり、六甲山系の最高峰に。下山は有馬温泉に向けて魚屋道、筆屋道を下っていく。

　阪急電鉄神戸線「阪急御影」駅❶で下車したら、住宅街を住吉川沿いにある白鶴美術館、落合橋に向かう。道標を確認しながら行けば迷うことはないだろう。

　落合橋から住吉川に沿った道を、さらに登っていく。車道から林道へ、阪急御影駅から歩くこと1時間半ほどで、石切道分岐❷に着く。住吉川上流に向かって左は石切道と呼ばれる道、右は打越峠への道。真ん中の六甲最高峰への道を歩く。

　五助堰堤という大きな堰堤に向かって右岸（上流に向かって左手）を越えるあたりから、山らしい雰囲気になる。堰堤の上は河原というより湿原状になり、そこでコースは左岸に渡る。五助堰堤から住吉川左岸につけられたおだやかな道を歩くこと1時間ほどで、雨ヶ峠分岐❸に着く。

　余裕があれば、雨ヶ峠から草稜と好展望の東おたふく山へ登り、蛇谷北山、石宝殿を回って六甲山頂に向かってもよい（地図の──線。六甲最高峰まで約1時間30分）。東おたふく山は草原で、広い展望が得られる。

　雨ヶ峠への分岐を左手に向かうと、20分ほどで七曲りと土樋割峠への分岐に着く。七曲りに向かう道は2020年晩秋まではコースが崩れて通行止めだったが、その部分には迂回路ができている。

　分岐を左手に七曲りの尾根道を登っていくと、1時間ほどで六甲山山頂❹の一角だ。

　六甲山系には稜線上にドライブウェイ

▲ 石切道との分岐

▲ 大きな五助堰堤を見上げる

▲ 渓流に沿ったしっとりとした道を歩く

（県道 16 号線）が通じているが、約 4 時間かけて登ってきた身には感慨もひとしお。涼しい風に吹かれて眼下に広がる神戸・大阪市街の大パノラマを楽しみたい。

有馬に下りる森の道

　下山は有馬温泉へ。山頂の一角から北に魚屋道を下りていく。ところどころ、風水害などで荒れたところは迂回路もあり、明瞭な道だ。30 分ほどで筆屋道との分岐があり、右手の谷に下りていく筆屋道を下る。展望台❺から瑞宝寺谷に沿う道を下っていくと、30 分ほどで太鼓滝。紅葉の名所である瑞宝寺公園も近い。

　あとはのんびりと有馬の温泉街をそぞろ歩く。金の湯などで日帰り温泉を楽しむのもよい。瑞宝寺公園から 20 分ほどで、神戸電鉄有馬線「有馬温泉」駅❻に着く。

逆コース・アドバイス

・標高差からすると、有馬温泉から登り、阪急電鉄神戸線「阪急御影」駅に下りるコースのほうがラク
・遅い時刻に有馬温泉から登ると、住吉道で夕暮れになり、分岐・枝道も多いため道迷いに注意したい

▲ 住吉川を渡り、上流に向かって登る

▲ 筆屋道にある展望台

▲ 紅葉がきれいな瑞宝寺公園

関西の奥座敷・有馬温泉

有馬温泉の街並み

　関西の奥座敷ともいわれた有馬温泉。下山時にひと汗流していくのもおすすめだ。金の湯、銀の湯、太閤の湯など立ち寄れる温泉がいくつかある。

　もちろん、温泉街の土産物屋、飲食店などをのんびり見てまわるのも、日帰りハイキングの楽しみだ。

　なお、下山途中に通った瑞宝寺公園は、関西の紅葉の名所としても有名であり、秋にはたくさんの行楽客が訪れる。下山時に茶屋をのぞいて、ひと休みするのも楽しい。

2 荒地山・ロックガーデン

神戸岳人の故郷の岩場

あれちやま

標高 549m　中級

登山シーズン： 1 2 3 4 5 6 7 8 9 10 11 12

歩行時間 約5時間　歩行距離 約8km　標高差 約520m

問い合わせ先
芦屋市市民生活部
地域経済振興課
0797-38-2033

▲ 岩の累々と重なる荒地山

阪急電鉄神戸線「阪急芦屋川」駅

往路（約35分）

大阪梅田駅 ― 30分 阪急電鉄神戸線 ― 阪急芦屋川駅

帰路（約30分）

阪急芦屋川駅 ― 30分 阪急電鉄神戸線 ― 大阪梅田駅

コース・周辺の見どころ

眺望　草花・草原　滝・渓谷　神社・仏閣　温泉　森林　街並　湖・沼

芦屋市街の北、高座川一帯に広がるロックガーデンは、神戸・大阪のハイキングのメッカ。初心者のハイキングからクライマーの足慣らしまで、四季を通じて訪れるハイカーが絶えない。

ロックガーデンの北、緩やかな尾根が伸びる先にどっしりかまえる荒地山と合わせて、半日ハイキングが楽しめる。岩梯子などの岩場が織りなすスリルに富んだコースだ。

ロッガーデン

12

コースガイド

岩また岩の変化に富んだ道

　六甲山系でもロックガーデン周辺は、神戸周辺のハイカーにとって最も親しみのある山域の一つだろう。

　阪急電鉄神戸線「阪急芦屋川」駅❶から北に、芦屋川に沿った住宅街を抜けていく。道標もあるので、迷うことはない。鷹尾山の西側の車道を高座川に沿って歩くと、山らしい雰囲気になってくる。

　阪急芦屋川駅から40分ほどで滝の茶屋と大谷茶屋に着く。高座滝❷がかかり、対岸に渡ればゲートロック。ロックガーデンの入り口である。ゲートロックから40分強の風吹岩までの道はピラーロックなどさまざまな岩場があるロックガーデンのメインルート。枝道が多いので、道標や赤テープなどを確認しながら登ろう。

　岩と砂礫の織りなす道は変化に富み、楽しい。足もとをしっかり確認していく。

　傾斜が緩くなり、右手に高座谷からの枝道を見ると、その先に風吹岩❸という大きな岩が累々と重なるところに着く。展望がよく、眼下に神戸の街並みや港を行き交う船などの大パノラマが広がる。

　風吹岩からは北に続く広い尾根を歩き、横池という山中の池への道を左手に見て、20分ほどで雨ヶ峠と荒地山の分岐に着く。右手に折れ、水場をすぎ、緩やかな道を登っていくと荒地山山頂❹だ。

　ロックガーデン周辺は岩場で展望もよく、すっきりした景観だが、荒地山の山頂は展望もあまり利かず、ただのこんもりとした山頂でちょっと素っ気ない。

岩梯子周辺の下りには注意

　山頂から東に伸びる道を10分ほど下ると、岩梯子と呼ばれる岩場の上部に着く。

▲ 高座滝はロックガーデンの入口

▲ 風吹岩の大パノラマ

▲ のんびりできる荒地山山頂

▲ 岩梯子は通行に注意

2　荒地山・ロックガーデン

阪急電鉄　兵庫県

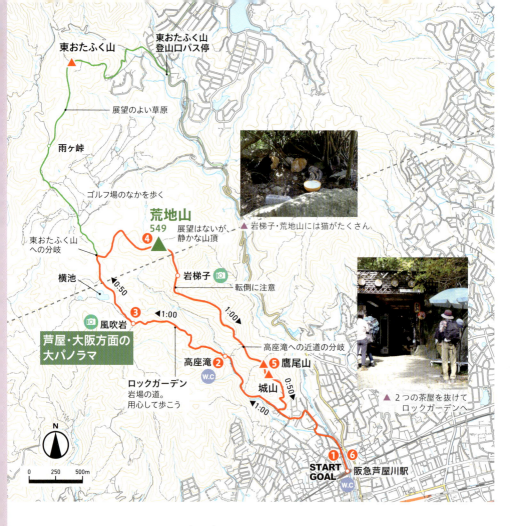

2 荒地山・ロックガーデン

阪急電鉄 — 兵庫県

固定ロープ・鎖を使って大岩を通ったりくぐり抜けたりするが、注意して歩けば大丈夫。誰かが猫に餌を与え育てているようで、場違いな気もするが微笑ましい。

岩場の道は登りより下りのほうが転倒の危険もあり、注意したい。岩梯子には脇道もあり、下る場合は左手、東側のコースをたどるといいだろう。

岩梯子の難所は20分ほどで、下り切ってからは森のなかの細い尾根をゆっくりと下っていく。下りきった鞍部から鷹尾山❺に登り返すが、鷹尾山の南斜面に林野庁の工事が入っている場合は鞍部から右手、高座滝に下る急な道を下りていく。

鷹尾山から芦屋川駅には50分ほど。枝道に入る場合は鞍部から20分ほどで、大谷茶屋のそばに着く。あとは阪急電鉄神戸線「芦屋川」駅❻へ、のんびり歩く。

逆コース・アドバイス

- 岩梯子は登りのほうがラクだがロックガーデンを下るので、転倒などには注意
- 逆コースをとる場合も、ロックガーデン、荒地山周辺には枝道が多いので、道迷いには注意したい。不用意に谷筋に下りていくことは禁物だ

▲ 荒地山の尾根から大阪市街をのぞむ

▲ 岩梯子から高座谷を見下ろす

東おたふく山に足を伸ばす

草原と展望の東おたふく山

ロックガーデン、風吹岩や荒地山から東おたふく山に足を伸ばしてみてもいい（地図の ━━ 線）。荒地山と雨ヶ峠の分岐から東おたふく山山頂まで1時間30分ほど。特に雨ヶ峠から先の東おたふく山の尾根は草原で、六甲山系の主稜線、大阪市街の展望もよい。

下山する場合、登ってきた道を戻ってもよいが、東に1時間足らず下れば奥池という別荘地の東おたふく山登山口バス停に着く。芦屋川駅方面には1時間に1本程度、バスが通る。

3 摩耶山・トゥエンティクロス

深い穏やかな渓流沿いの散策道

まやさん

標高 699m
中級

登山シーズン 1 2 3 4 5 6 7 8 9 10 11 12
歩行時間 約7時間
歩行距離 約15km
標高差 約650m

問い合わせ先
神戸市建設局公園部
森林整備事務所
078-371-5937

▲ 木漏れ陽を浴びて徳川道を歩く

往路(約40分)

大阪梅田駅 —30分(阪急電鉄神戸線)→ 神戸三宮駅 —5分(神戸市営地下鉄山手線)→ 新神戸駅

帰路(約35分)

阪急六甲駅 —30分(阪急電鉄神戸線)→ 大阪梅田駅

阪急電鉄神戸線「阪急六甲」駅

コース・周辺の見どころ

 眺望　 草花・草原　 滝・渓谷　 神社・仏閣　 温泉　 森林　 街並　 湖・沼

観光牧場やホテルもあり、観光客も多い摩耶山上。その喧騒を避け、奥深さを感じられるのが神戸・布引貯水池から伸びる穏やかな渓流の道、トゥエンティクロスだ。穂高湖という山上貯水池にたたずみ、神戸の居留地に住む外国人が憧れた北アルプスの景観を想像するのもいい。帰路は杣谷沿いのカスケードバレーを下る。文字どおりカスケード（小さな滝群）が続く。

初秋の布引滝

コースガイド

摩耶山で楽しむ森林浴

　神戸市営地下鉄「新神戸」駅❶から布引滝、布引貯水池への道は神戸市民にとっては馴染みのある散歩道。布引谷に沿う深い渓谷道を、道標を確認して登っていく。

　途中にある布引滝は六甲一の名瀑で、その上流にある布引貯水池❷は神戸の水がめともいわれている。

　布引貯水池の左岸の散策道を歩くと、桜茶屋のある市ヶ原に着く。この上流、トゥエンティクロスに続く渓谷沿いの道が一部崩落で通過できない場合は、道標にしたがって迂回路をとればよい。

　布引谷に沿った道をまっすぐ行く場合は、桜茶屋から30分ほど登っていくと、あじさい広場という草地に着く。

　この先が、トゥエンティクロスと呼ばれる渓谷道だ。深い森、穏やかな渓流に摩耶山の奥深さが感じられる。トゥエンティクロスの名のとおり何度も沢を渡るが、道は明瞭でよほどの増水でない限り大丈夫。緩い傾斜の渓流道で森林浴を楽しもう。

　神戸市立森林植物園の東門への分岐を左に見て、さらに上流へと歩いていくと、あじさい広場から1時間ほどで桜谷分岐❸に着く。左手はシェール道、右手は徳川道と呼ばれて、どちらを歩いても摩耶山上付近に出られる。徳川道を登っていこう。

　谷筋の道を30分ほど登ると、周囲が開け山上の池に着く。穂高湖と呼ばれる静かな貯水池だ。ドライブなどで訪れる行楽客の多い摩耶山山頂❹へは往復1時間ほどだが、ハイカーとしては、むしろ湖畔でのんびりするほうがおすすめである。

小滝が続くカスケードバレーを下る

　下山は穂高湖、奥摩耶ドライブウェイに

▲ 静かな湖面の布引貯水池

▲ あじさい広場でひと休み

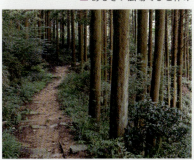
▲ 樹林帯のトゥエンティクロス

▲ 渓流を渡る

3 摩耶山・トゥエンティクロス

阪急電鉄・神戸市営地下鉄——兵庫県

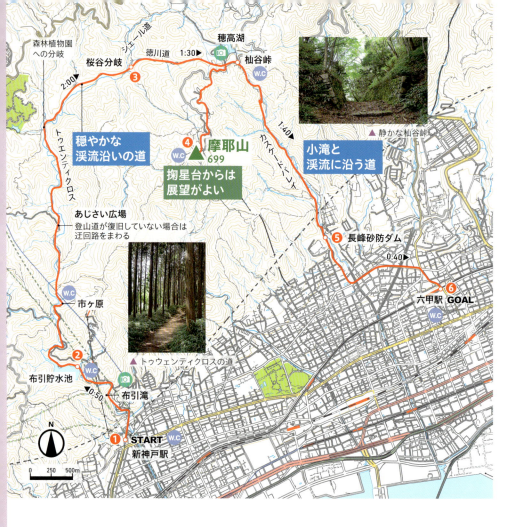

上がったところにある杣谷峠から、杣谷沿いの道を下っていく。

　カスケードバレーと呼ばれ、文字どおりカスケード（小滝群）が続くしっとりとした渓谷道だ。数回の渡渉はあるものの流れは細く道も明瞭だ。ただ、小滝などの要所で滑ってしまうことには注意しよう。

　杣谷峠から1時間半ほど、大きな杣谷堰堤を越えて長峰砂防ダム❺の右岸を越えると住宅街に出る。

　ここから阪急電鉄神戸線「六甲」駅❻までは歩いて40分足らずだが、特にバス道に出るまでは急坂の下りであり、足に堪える。摩耶山の渓流と森の道を反芻しながら、ゆったりとした気分で下りるとよい。

▲ 堰堤上部の立枯れの木

▲ トゥエンティクロス。増水時は注意

逆コース・アドバイス

- 阪急電鉄神戸線「六甲」駅から登山口となる長峰砂防ダムまでの急坂の車道を登るのが大変
- 穂高湖から市営地下鉄「新神戸」駅までは距離があるので、遅い出発の場合は他のコースを選んで下山してもよい

杣谷の登山道

▲ 杣谷に現れる小滝

摩耶山の三角点は？

穂高湖と摩耶山の三角点

　摩耶山上にはロープウェーやドライブウェイが通じ、ホテルや牧場などもあり、行楽客も多い。

　喧騒を避けたいと思うハイカーには山上施設を見てまわることをおすすめしないが、摩耶ロープウェー山上駅のある掬星台に行くと、眼下に神戸の街や港、大阪湾から紀伊半島まで大パノラマが広がる。穂高湖から麻耶別山や天上寺を通り、のんびり歩いて往復で1時間ほど。摩耶山頂の三角点が掬星台から歩いて数分のところにある。

4 標高 312m 中級

海辺から迫り上がる岩場の稜線
須磨アルプス・横尾山
すまアルプス・よこおさん

登山シーズン
1 2 3 4 5 6 7 8 9 10 11 12

歩行時間 約4時間

歩行距離 約6.5km

標高差 約300m

問い合わせ先
神戸市建設局公園部
森林整備事務所
078-371-5937

▲ 須磨アルプスの岩稜をゆく

往路（約60分）

大阪梅田駅 ─30分（阪急電鉄神戸線）→ 神戸三宮駅 ─20分（神戸市営地下鉄西神線）→ 妙法寺駅

帰路（約65分）

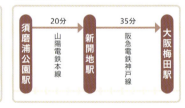

須磨浦公園駅 ─20分（山陽電鉄本線）→ 新開地駅 ─35分（阪急電鉄神戸線）→ 大阪梅田駅

神戸市営地下鉄「妙法寺」駅

コース・周辺の見どころ

 眺望　 草花・草原　 滝・渓谷　 神社・仏閣　 温泉　 森林　 街並　 湖・沼

六甲山系の西端、山並みが瀬戸内海・大阪湾に没する地にあるのが須磨アルプス。横尾山、栂尾山、鉄拐山、旗振山と標高300mほどの低山ながら、それぞれが独立峰のようにそびえている。特に横尾山一帯の尾根道は馬ノ背とも呼ばれ、岩場と小石まじりのザレ場を縫うようなスリルと展望に富んだ道。須磨浦公園へ、眼下に海をのぞむハイキングも楽しみの一つだ。

馬ノ背に立つ

> コースガイド

まるで槍・穂高の稜線のように

　変化に富んだ稜線が人気の須磨アルプス。神戸市営地下鉄「妙法寺」駅❶から住宅街を20分ほど歩くと、須磨アルプスの登山口の一つ、東山の北麓に着く。

　道標を確認して、南に20分ほど九十九折りの登山道を登っていくと、東山❷の稜線の一角に出る。分岐を右手、西に向かえば、須磨アルプスの始まりだ。

　花崗岩が侵食されてできた稜線は、標高は300メートル前後と低山ながら、樹林などさえぎるもののない大展望。アルプスと称するだけのことはある。

　転倒・滑落に注意しながら岩の磨かれた稜線を楽しもう。いったん下りきったあたりに馬ノ背の標柱がある。

　馬ノ背の先から稜線は高度を上げ、東山の分岐から30分ほど、登りついたところが横尾山山頂❸だ。横尾山のあたりから道は穏やかな尾根に伸び、標高280mほどの栂尾山❹から西に急降下する。

　石段を下り切ったところが高倉台と呼ばれる住宅地。ハイカーとしてはちょっと興ざめするところだが、六甲山系西部の山は住宅地のなかに独立峰がそびえているので、一区切りついたと思って水分を補給し、のんびりと先に進もう。

須磨の海へ！

　神戸加古川姫路線という幹線道路を超える橋を渡って20分ほど高倉台を通り抜けると、いきなり、うんざりするほど長い石段を登る。鉄拐山への道だ。

　おらが茶屋という休日営業の茶屋を越えると、穏やかな道になる。

　石段を登り始めてから30分ほどで標高237mの鉄拐山❺に着く。展望は抜群で、

▲ 岩稜では転倒、滑落に注意

▲ 岩稜から住宅街を望む

▲ 栂尾山から鉄拐山を望む

▲ 栂尾山からの急な石段

4 須磨アルプス・横尾山

山陽電鉄・神戸市営地下鉄―兵庫県

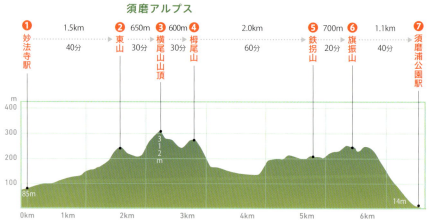

特に眼下の須磨海岸から淡路島、大阪湾が大きく広がっている。

ここは広大な須磨浦公園の一角。緩やかな尾根に伸びる公園の散策道を30分ほど歩くと旗振山❻に着く。

南に少し下れば鉢伏山。旗振山・鉢伏山一帯はロープウェイや山上遊園地といった施設もあるので、山歩きというよりむしろ公園散策の気分になる。ただ、標高250mほどの鉢伏山から海岸沿いの山陽電鉄「須磨浦公園」駅まではロープウェイの脇の道を急降下することになる。

下りきった先はロープウェイ駅が併設された山陽電鉄「須磨浦公園」駅❼。須磨の海岸や海づり公園もすぐそばなので、寄り道してきてもいいだろう。

▲ 須磨の街も大きく望める

▲ 須磨浦公園の眼下に広がる瀬戸内海

4 須磨アルプス・横尾山

山陽電鉄・神戸市営地下鉄—兵庫県

逆コース・アドバイス

- 標高の低いところから登り、標高の高いところに下りることになるので大変
- 高取山、菊水山など、さまざまなコースにつなげられる
- 朝遅い出発だと、須磨アルプスの核心部を通る時間が遅くなる

高倉山の山頂

桜の名所、須磨浦山上遊園

茶屋のあるところでひと休み

春のハイキングなら、下山口である須磨浦公園一帯は観桜の名所で、公園全体に満開の桜が咲き誇る。

旗振茶屋などの茶店でのんびりするのもよく、海釣り公園をのぞいてみるのもいいだろう。

公園は須磨浦山上遊園として、海辺だけでなく鉢伏山一帯の広範囲に広がる。眼下には淡路島、明石海峡大橋、須磨浦の浜がのびやかだ。

桜だけでなく、春の山野草や芽吹きの新緑などを愛でながら歩きたい。

5 菊水山・鍋蓋山

都市近郊の独立峰をつなぐ道

きくすいやま・なべぶたやま

標高 459m・486m

中級

登山シーズン

歩行時間 約5時間

歩行距離 約9.5km

標高差 約430m

問い合わせ先
神戸市建設局公園部
森林整備事務所
078-371-5937

▲ 菊水山周辺から須磨アルプス・淡路島を望む

往路（約40分）

大阪梅田駅 →30分 阪急電鉄神戸線→ 神戸三宮駅 →5分 神戸市営地下鉄山手線→ 新神戸駅

帰路（約50分）

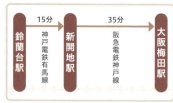

鈴蘭台駅 →15分 神戸電鉄有馬線→ 新開地駅 →35分 阪急電鉄神戸線→ 大阪梅田駅

神戸市営地下鉄「新神戸」駅

コース・周辺の見どころ

眺望　草花・草原　滝・渓谷　神社・仏閣　温泉　森林　街並　湖・沼

摩耶山から西の六甲山系は、山塊をなすというより、菊水山、鍋蓋山、再度山など独立峰がいくつも並ぶ。標高は500mに満たない低山ながら、そんな独立峰の登降を楽しめる。

独立峰の山頂からの展望はよい。山上や尾根の樹間から眼下に広がる神戸市街の大展望は、近郊のハイカーにとっていつまでも飽かず眺めていられる大都市の里山景観といえる。

大阪湾を望む

5 菊水山・鍋蓋山

神戸電鉄・神戸市営地下鉄―兵庫県

> コースガイド

大パノラマの山頂へ

　六甲山系・摩耶山の西側の山々には、**神戸市営地下鉄「新神戸」駅❶**から、住宅街を通ることなく、ハイキングコースに入ることができる。新神戸駅裏手の布引滝に向かう渓谷道を登っていく。周辺は神戸市民にとって憩いの場。渓流に沿った散策道は道標も完備され、迷うことはない。

　30分も歩けば落差47mの大瀑布、布引滝（雄滝）に着く。白い大岸壁に囲まれる瀑相は、特に水量の多い時期は圧巻だ。

　新神戸駅から1時間ほどで大きな布引堰堤の左岸を越え、布引貯水池を左手に見ながら歩くと、**市ヶ原❷**に着く。

　河原に下り、布引谷右岸に渡り、市ヶ原から30分ほどで再度山の麓にある大竜寺に着く。由緒ある寺を少し散策してみたい。

　市ヶ原からは、須磨から宝塚までをつなぐ六甲全山縦走路を歩くことになる。このコースもいくつもの枝道に分かれているので、六甲全山縦走路の道標を頼りに歩く。途中、**再度山❸**を往復してもいいだろう。山頂からは神戸市街を間近に見る。

　登山コースを西へ、広い緩やかな尾根を登る。大竜寺から1時間足らずで、標高486mの**鍋蓋山山頂❹**に着く。山頂は広く、神戸市街の大パノラマを楽しみつつ、のんびりと休憩できる。

いったん下って菊水山へGO！

　ひと休みして、西へ菊水山をめざそう。鍋蓋山から10分ほども歩けば、道は天王谷に向かって急降下する。六甲山系の摩耶山以西は標高が低いながらも独立峰が並ぶので、縦走すると30分程度の急な登り下りは避けることができない。

　鉄製の立派な天王吊橋で国道428号線

▲ 布引滝へ歴史のある古道を歩く

▲ 市ヶ原で対岸に渡る

▲ 鍋蓋山から大阪湾を望む

▲ のびやかな鍋蓋山山頂

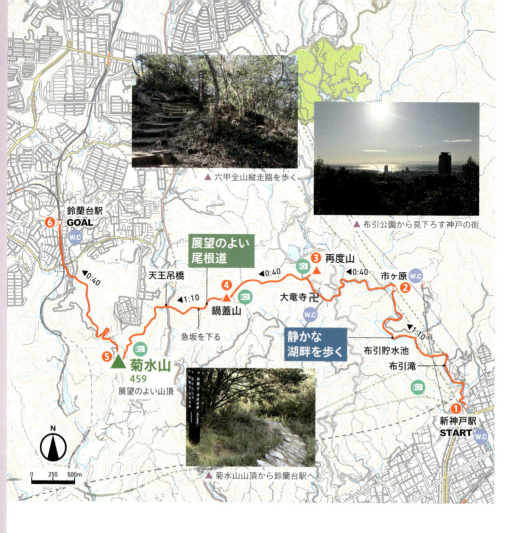

を渡ると、今度は菊水山への急登が待っている。道は少しガレているところや近年の豪雨で傷み補修してある部分もあるので、注意して歩いていこう。

国道428号線の天王吊橋からゆっくり登って1時間足らずで、電波塔や石柱碑のある菊水山山頂❺に着く。展望はよく、再度山、鍋蓋山など2山、3山を登り下りしてきただけに、のんびり休みたいところだ。

下山は主に2ルートある。一つは神戸電鉄有馬線「鵯越」駅に下るコース。滑りやすい急坂を下り、車道に出てから駅までの車道歩きが長いのが難点だ。

もう一つの神戸電鉄有馬線「鈴蘭台」駅に下るコースのほうがよく歩かれている。菊水山山頂から30分ほど歩くと鈴蘭台の町外れに出て、そこから10分ほどで神戸電鉄有馬線「鈴蘭台」駅❻に着く。

逆コース・アドバイス

- 再度山から東に、摩耶山や六甲全山縦走路などにつなげることができる
- 布引貯水池、布引滝周辺などの布引公園を時間にあわせてのんびり散策できる
- 神戸市街から登山口の鈴蘭台駅まで行くのによぶんに時間がかかる

▲ 天王谷川(国道428号線)を渡る

▲ 菊水山山頂でくつろぐ

5 菊水山・鍋蓋山

神戸電鉄・神戸市営地下鉄―兵庫県

神戸市民の憩いの場・布引公園

静かな布引貯水池の畔

登山口近くの布引滝、布引貯水池一帯は布引公園として整備され、平日・休日を問わず、また、早朝から夕刻まで、たくさんの市民が散策に訪れる。

布引公園一帯は、神戸の街と港の水道を支え続けた歴史を持ち、"神戸の水がめ"ともいわれる。

布引雌滝・雄滝にかけての勇壮な渓谷の景観や静かな貯水池の景観、またダムや明治期につくられた用水路施設など神戸水道の歴史施設などを楽しみながら歩くことができる。

6

標高 100m

初級

"鉄分"補給の廃線跡と渓谷美
武庫川渓谷・廃線跡
むこがわけいこく・はいせんあと

登山シーズン
| 1 | 2 | 3 | 4 | 5 | 6 | 7 | 8 | 9 | 10 | 11 | 12 |

歩行時間 約3時間
歩行距離 約7km
標高差 約100m

問い合わせ先
西宮観光協会
0798-35-3321

▲ 渓谷美を堪能しながら廃線跡を歩く

往路（約35分）

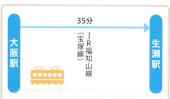

大阪駅 —35分— JR福知山線（宝塚線）— 生瀬駅

帰路（約40分）

武田尾駅 —40分— JR福知山線（宝塚線）— 大阪駅

JR宝塚線（福知山線）「生瀬」駅

コース・周辺の見どころ

眺望 草花・草原 滝・渓谷 神社・仏閣 温泉 森林 街並 湖・沼

かつてJR福知山線（宝塚線）の宝塚駅・三田駅の区間は、長いトンネルを抜けずに武庫川渓谷に沿い、都市近郊の山岳渓谷鉄道の趣があった。このコースは廃線となった渓谷鉄道跡に整備されたハイキング道。残された枕木、線路、鉄橋、トンネルなどは郷愁を誘う。武庫川渓谷の岩を砕く急流も、訪れるハイカーを飽きさせない。秘湯・武田尾温泉の足湯も楽しめる。

激流が岩を砕く

コースガイド

岩を砕く大渓谷に沿った道

　武庫川渓谷に沿った散策道を下流から上流に歩く場合、下車駅は **JR福知山線（宝塚線）「生瀬」駅❶** でも、同「西宮名塩」駅でも時間的な大差はない。いずれも駅を下りたら道標を確認し、武庫川に向かう車道を歩いていこう。

　駅から30分も歩けば**武庫川渓谷入口❷**であり、道は田んぼ脇の林道から渓谷沿いの道になっていく。道幅が普通の山中のハイキング道より広いのは、そこに鉄路が通っていたからだ。

　JR福知山線は1986年までは武庫川渓谷沿いを走っていた。廃線となってから整備を繰り返し、今は鉄橋や枕木などを残して廃線跡は渓谷探勝路として活用され、多くのハイカーを迎えている。

　トンネルも残っているので、ライトなど明るく照らせるものを持っていこう。

　生瀬駅、もしくは西宮名塩駅からの渓谷沿いの道はずっと右岸に伸びている。途中にある名塩川橋梁や**4号トンネル❸**や新4号トンネルを抜ければ、岩と激流の織りなす渓谷の美しさはいっそう増してくる。

　対岸に大岩が並び、武庫川渓谷の早瀬が岩を砕き、特に新緑の時期は周囲の落葉樹の山も鮮やかな緑に包まれる。より渓谷らしい雰囲気になり、対岸には大きな仙人岩、百畳岩、天狗岩などが見える。

本流を渡る鉄橋を歩く

　第2武庫川橋梁で、道は右岸から左岸に渡る。本流を渡る往事の鉄橋を使っているので、迫力がある。

　眼下には落差は小さいものの、本流の水量を集めた滝がゴーゴーと大きな音を立てて落ち、淵をつくっている。

6 武庫川渓谷・廃線跡

JR西日本―兵庫県

▲ のんびりとした田園風景のなかを歩く

▲ 眼下には渓流、歩く先にはトンネルが…

▲ トンネルと枕木が旅情をさそう

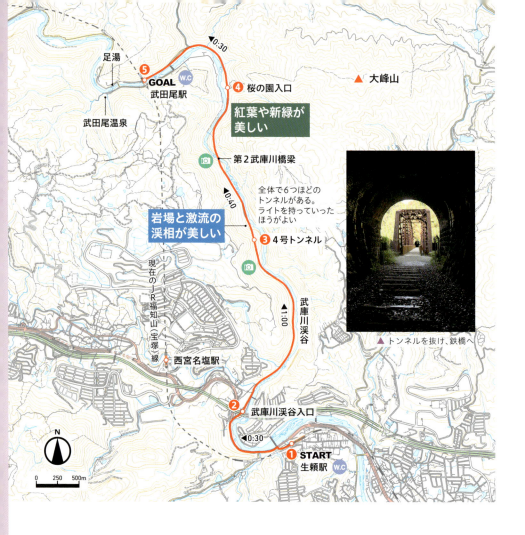

6 武庫川渓谷・廃線跡 JR西日本／兵庫県

廃線跡だけあって道は広いので、ハイカーが少ないときは思い思いに休憩したり写真を撮ったりすることもできる。

ただし、眼下の武庫川は岩壁を縫って流れているので、川のそばに下りられるところは限られる。不用意に岩場を下りていかないほうがいいだろう。

第2武庫川橋梁を渡ってトンネルを抜けると桜の園入口❹に着く。親水広場になっていて、木洩れ陽がうれしい休憩地だ。

ここで河原に出て水遊びをしたり、お昼を楽しんだりする親子連れのハイカーも、たくさん見かける。

散策道はさらに、2つのトンネルを抜けると武田尾駅側の廃線跡入口に着く。ここまでくれば、武庫川渓谷も穏やかな早瀬の渓相になる。武田尾駅側の廃線跡入口から歩いて10分ほどで、山峡にあるJR福知山線「武田尾」駅❺に着く。

逆コース・アドバイス

- ハイカーの数としては上流から下流へ、JR福知山線「武田尾」駅側から生瀬・西宮名塩駅側に向かう人が多い
- ハイキングしたあと、のんびり武田尾温泉（足湯）を楽しむことはできない

▲ 渓流はときに深い淵をなす

▲ 武田尾駅が近づくと、流れも穏やかに

▲ のんびりできる親水広場

山峡の秘湯・武田尾温泉へ

紅葉の足湯を楽しむ

JR福知山線「武田尾」駅からさらに上流に車道を5分ほど歩くと赤い吊橋があり、橋を渡った先が武田尾温泉元湯。大都市近郊の秘境の湯として知られているが、立ち寄り入浴するには予約が必要だったり曜日・時間が限られたりするなどの制約もある。

その点、橋を渡らずその奥へ歩いたところにある足湯なら、混雑していることも多いが、いつでも無料で足を温めることができる。渓流には大岩があり、ボルダリングを楽しむ人もいる。

7 標高 660m 初級

北摂の名山で、ちょうどよい里山歩き

妙見山・妙見山霊場
みょうけんさん・みょうけんさんれいじょう

登山シーズン： 1 2 **3** 4 5 6 7 8 9 10 **11 12**

歩行時間 約4時間　歩行距離 約10km　標高差 約470m

問い合わせ先
豊能町観光案内所
072-734-6758

▲ 妙見山上より六甲山系を望む

往路(約60分)

大阪梅田駅 →25分 阪急電鉄宝塚線→ 川西能勢口駅 →30分 能勢電鉄妙見線→ 妙見口駅

帰路(約60分)

妙見口駅 →30分 能勢電鉄妙見線→ 川西能勢口駅 →25分 阪急電鉄宝塚線→ 大阪梅田駅

能勢電鉄妙見線「妙見口」駅

コース・周辺の見どころ

 眺望　 草花・草原　 滝・渓谷　 神社・仏閣　 温泉　 森林　 街並　 湖・沼

大阪北部の名峰・妙見山。周辺の山域は通称・北摂の山と呼ばれ、その山域にあって最も交通の便がよい山で、四季を通じてハイカーも多い。山上には車で上がることもできるが、山麓の能勢電鉄「妙見口」駅から森閑とした山道をたどってみよう。山全体が能勢妙見大菩薩といわれる山岳霊場であり、山上は思いのほか、おごそかな雰囲気に包まれている。

霊場を訪ね歩く

コースガイド

谷筋の新滝道を登る

　四季を通じて多くのハイカーが訪れる北摂の盟峰・妙見山。登山口は、能勢電鉄妙見線「妙見口」駅❶で、駅を出たら、まず里山風情漂う道を妙見の森ケーブルの登り口の駅であった「黒川」駅跡❷に向かう。なお、ケーブルカーやリフトは 2023 年で廃止になっている。

　山上までは車道も通じているが、車で上がるのではハイキングの楽しみを味わえないので、黒川駅跡から白滝神社に向かう渓流道を登っていこう。

　この道は大雨などで通行できない場合もあり、その際は黒川駅跡から上杉尾根コースを登るか、黒河駅跡から北寄りの渓流沿いの道で大堂越の鞍部まで登り、鞍部から妙見山上をめざすとよい。

　いずれも歴史のある古い参道であり、道そのものは明瞭だ。

　白滝神社を通る道は新滝道と呼ばれ、鬱蒼とした杉林のなかを登る。特に迷いやすい枝道はない。黙々と登っていくと、1時間強で妙見山上の広い駐車場に出る。

　妙見山山頂❸へは山上一帯に広がる能勢妙見霊場の参道を歩いていく。

　参道はかつて宿坊や茶屋が軒を連ね、修験者で栄えていた。しかし、いまは時代の流れのなかで、山岳霊場としてよりむしろ、手頃なハイキングの山として知られ、山上をめぐる行楽客も多い。

　荘厳とした霊場や寺院群を回ると、往時の霊場としての賑わいを感じることができるだろう。山上には展望の開けるところがいくつかあり、北に北摂の里山風景や西に六甲山系を見渡すことができる。

　ちなみに山頂の三角点は、山上の参道から道標を確認して枝道に入ると、数分のと

7 妙見山・妙見山霊場

能勢電鉄 — 大阪府

▲ 谷沿いの道を上っていく

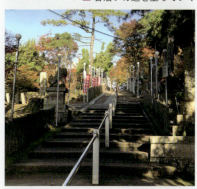
▲ 山頂へは霊場の参道を通る

▲ 三角点はこの奥にひっそりと

▲ 開運祈願の本殿

ころにある。大きな山頂碑とともに、ひっそりと立っている。

杉林に包まれた初谷川の渓流

　下山も四方にいくつかのコースがある。妙見口駅に下りるなら、いったんは豪雨などにより荒廃したものの、その後整備が進んだ初谷川の渓流コースを下るとよい。

　妙見山上から山道を下り、野間峠を結ぶ車道にある府道出合❹の分岐から道標を確認して杉林のなかの谷筋を下っていく。大きな木が道に倒れているところもあるが、通行に支障はない。鬱蒼とした杉林の道は野鳥も多く、さえずりに驚くこともある。

　清滝から30分も下れば林道になり、砂防堰堤を越えると車道に、やがて国道477号線に出る。能勢電鉄妙見線「妙見口」駅❺は、国道477号線を渡ってすぐだ。

逆コース・アドバイス

・初谷川コースは、下りより登りに使うハイカーのほうが多い
・山歩きとしては初谷川コースを登り、山上の霊場をめぐり、光明山・天台山から下山する尾根コースも楽しい（地図の ━━ 線）

▲ 北に、北摂の里山が美しい

▲ 杉林の道を初谷川へ下る

▲ 初谷川では野鳥や植生などの案内看板も多い

光明山・天台山を縦走

天台山の山頂。杉の植林のなかを歩く

　妙見山上から南に光明山・天台山を縦走しても能勢電鉄妙見線「妙見口」駅に戻ることができる（地図の ━━ 線）。展望はあまり利かないが、静かな杉林に包まれたしっとりとした山道だ。

　府道出合から府道4号線を南に歩き、あとはハイキング道を下っていく。樹間から時折見下ろす北摂の里山風景は、のどかで趣がある。

　府道出合から歩いて2時間ほどで初谷川コースに合流し、能勢電鉄妙見線「妙見口」駅に戻ることができる。

8

標高 530m

中級

北摂の名瀑と山上の古刹をゆく
箕面滝・勝尾寺
みのおたき・かつおじ

登山シーズン
1 2 3 4 5 6 7 8 9 10 11 12

歩行時間 約6時間
歩行距離 約14km
標高差 約450m

問い合わせ先
箕面市観光協会
（ぶらっと箕面さんぽ）
072-723-1885

▲ 新緑が美しい箕面滝

阪急電鉄箕面線「箕面」駅

往路（約30分）

大阪梅田駅 ― 20分 阪急電鉄宝塚線 ― 石橋阪大前駅 ― 10分 阪急電鉄箕面線 ― 箕面駅

帰路（約30分）

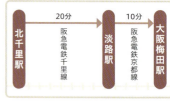

北千里駅 ― 20分 阪急電鉄千里線 ― 淡路駅 ― 10分 阪急電鉄京都線 ― 大阪梅田駅

コース・周辺の見どころ

 眺望　 草花・草原　 滝・渓谷　 神社・仏閣　 温泉　 森林　 街並　 湖・沼

箕面は東京・高尾に通じる東海自然歩道の起点である。その山懐にある箕面滝は大阪随一の名瀑で、滝にいたる渓谷道は平日・休日問わずたくさんの行楽客・ハイカーが訪れる。一帯は「明治の森」には縦横に自然研究路が伸び、森林浴を楽しめる。
山中の古刹・勝尾寺と組み合わせ、南の北千里駅に下りれば、渓流、滝、森、山上寺院などと、盛りだくさんの半日ハイクだ。

秋の箕面滝

コースガイド

北摂随一の名瀑へ！

　箕面滝は北摂のハイキングのメッカであり、四季を通じてたくさんのハイカーや行楽客が訪れている。

　登山口は阪急電鉄箕面線「箕面」駅❶からで、土産物店や飲食店などが並ぶ渓谷に沿った車道を登っていく。

　通りには休憩舎、公園施設のほか龍安寺などの寺院や箕面公園昆虫館など見どころも多く、また、ホテルや箕面温泉の足湯などもある。特に新緑と紅葉の時期の渓谷道は行楽客でごった返している。

　ちなみに「もみじの天ぷら」が有名で、沿道の店で販売されている。

　1時間足らず、喧騒の渓谷道を歩いていくと、大きな滝壺を持った落差33mの箕面滝❷。「いよいよ、お出まし！」といった雰囲気で現れる、北摂随一の名瀑だ。滝壺のそばには、土産物屋、休憩処などがある。

　箕面滝から先は自然研究路と称するコースがいくつも分かれているが、道標を確認しつつ政の茶屋・箕面ビジターセンターに向かう。政の茶屋から東海自然歩道が伸びる尾根を登っていく。滝の喧騒をよそに、静かな林に囲まれた道だ。

　箕面滝から2時間ほどで開成皇子の墓が残る最勝ヶ峰❸の山頂着く。森に包まれた山頂で、ひっそりと静まり返っている。勝尾寺の北を囲む裏山である。

　山頂から5分ほど尾根を歩き、南に下る道をたどれば5分ほどで勝尾寺❹に着く。勝尾寺も箕面滝と同様に、特に行楽客・参拝者が多く、人の多さに驚くほどだ。

　勝尾寺は西国三十三所の札所。ダルマで有名な寺で、参詣道や寺院内のそこかしこにダルマが奉納され、並んでいる。

　北摂を代表する名刹であり、ぜひ、のん

8 箕面滝・勝尾寺

阪急電鉄 — 大阪府

▲ 渓谷道には土産物店がたくさん

▲ 河原に下りて、ひと休み

▲ 箕面の山々を見上げる

▲ 箕面滝はすぐそこに

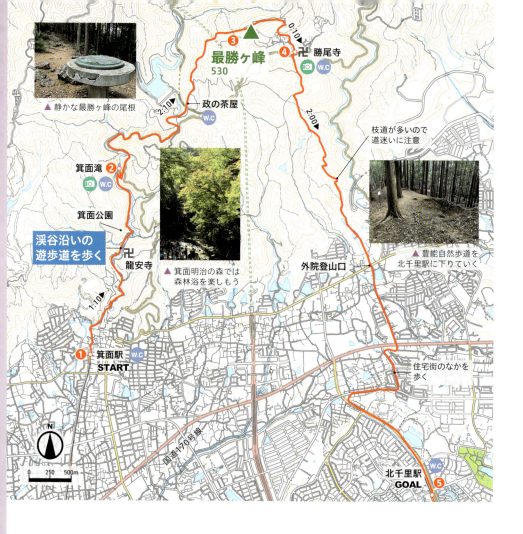

びりと参拝していきたい。

静寂の森を北千里へ

　勝尾寺前の府道4号線を渡り、自然研究路5号から豊能自然歩道を歩く。箕面滝や勝尾寺の喧騒と打って変わった静かな道だが、枝道も多く間違いやすいため、道標を確かめながら歩こう。

　勝尾寺から10分ほど歩くと深い林のなかに伸びる道になり、さらに40分ほど歩くと街に出る。箕面市外院という住宅地。東に府道9号線を歩くと大阪モノレール彩都線「彩都西」駅に、南に国道171号線に向かって歩くと阪急電鉄千里線「北千里」駅❺だ。外院から40分くらいかかる。

逆コース・アドバイス

- 阪急電鉄千里線「北千里」駅から豊能自然歩道入口の箕面市外院までが長い
- 箕面滝渓谷探勝道でのんびりができる
- 箕面滝周辺、明治の森にはいくつもの自然研究路があり、ハイキングコースは六個山や鉢伏山などにも伸びている。歩くコースを事前に決めておいたほうがよい

六個山の山頂

▲ 滝壺の前の広場にはたくさんの行楽客

▲ 勝尾寺をゆっくりと参拝

8 箕面滝・勝尾寺

阪急電鉄―大阪府

北摂の名刹・勝尾寺を参拝する

参道にはダルマがたくさん

　勝尾寺は、箕面国定公園の中心にある高野山真言宗の寺院である。本尊は十一面千手観世音菩薩で、勝尾寺の名のとおり「勝運の寺」、必勝祈願の寺として広く全国に知られている。

　なお、箕面国定公園は大阪府下でも野鳥の多いところとして知られる。勝尾寺の山門より北に広がる約8万坪の境内には、桜やシャクナゲ、アジサイなど季節の花々が咲き誇る。

　境内の紅葉もみごとだ。花と野鳥と名刹と、楽しみは尽きない。

9

標高 292m

初級

天衝く岩壁をのぞみ、静寂の池畔にたたずむ

百丈岩・静ヶ池

ひゃくじょういわ・しずがいけ

登山シーズン
1 2 3 4 5 6 7 8 9 10 11 12

歩行時間 約3時間30分

歩行距離 約7.5km

標高差 約210m

問い合わせ先
神戸市森林整備事務所
078-371-5937

▲ 岩のテラスからの百丈岩頂上部

JR福知山線（宝塚線）「道場」駅

往路（約45分）

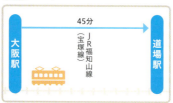

大阪駅 ― 45分 JR福知山線（宝塚線） → 道場駅

帰路（約45分）

道場駅 ― 45分 JR福知山線（宝塚線） → 大阪駅

コース・周辺の見どころ

 眺望　 草花・草原　 滝・渓谷　 神社・仏閣　 温泉　 森林　 街並　 湖・沼

関西のロッククライマーがトレーニングの場として集まる百丈岩。約60メートルの屹立する岩場を眺めながら、展望ハイキングを楽しめる。百丈岩のてっぺんからは周囲の山々が一望のもと、目の前に鎌倉峡が深い峡谷を刻み、眼下に新名神高速が走る。森林ハイキングの途中には静ヶ池が文字どおり静かに水を湛えている。池面をわたる風を感じながら、のんびり昼食を楽しむのもいい。

百丈岩をのぞむ

コースガイド

百丈岩南尾根を登る

　JR福知山線「道場」駅❶で下車、西に5分ほど歩くと武庫川に出て生野橋を渡り、周囲の里山風景を愛でながら船坂川に沿った車道を歩いていく。

　新名神の下をくぐり道場駅から30～40分ほど歩けば百丈岩❷の分岐、（売店・やまびこ）に着く。トイレのほか、クライミングの練習施設もある。

　この売店から直接、百丈岩に向かうクライミングルート、百丈岩に向かって山道を登る「修験の道」、船坂川の鎌倉峡に向かう道などがあるので、道標・案内板を確認しつつ南尾根コースに向かう道を進む。

　南尾根コースの取り付きは鎌倉峡に向かう道を5分ほど歩いたところに道標があり、左手の尾根を登る。

　この分岐からは南尾根に沿った道を登っていく。樹林帯だが、見晴らしのよいところもいくつかあり、眼前に際立ってそびえる百丈岩をのぞむこともできる。

　南尾根の取り付きから1時間足らずで、静ヶ池と鎌倉峡の上部を結ぶ山道の分岐❸に出る。この分岐を左にとれば、のんびりと散策気分で、30分ほど歩くと静ヶ池❹だ。

　低山だけに尾根道にはいくつかの枝道があるので、迷わないようにしたい。静ヶ池までの途中に1カ所、分岐で大きく回り込むところがある。

　緩く下りたどり着いた静ヶ池は、低山ながら山上の別天地。池畔でのんびりと昼食を楽しむのもいいだろう。

　南東に大規模な住宅地があるとは思えないほど静寂に包まれている。

百丈岩の頂上で大展望を楽しもう

　さあ、百丈岩に向かおう。静ヶ池から

9 百丈岩・静ヶ池　JR西日本―兵庫県

▲ 武庫川沿いの桜並木

▲ 南尾根からのぞむ百丈岩

▲ 木漏れ日の柔らかな尾根道

▲ ひっそりとたたずむ静ヶ池

20分ほど広い尾根に伸びる道を歩くと、百丈岩❺の頂上部。西側の展望が大きく開け、鎌倉峡が山肌を大きくえぐっている。のんびりできるが、岩の端は危険なので近寄らないようにしたい。

下山は百丈岩北尾根コースをたどる。百丈岩から少し下った岩場のトラバースに注意するほかは、坦々とした下り道だ。

新名神高速のそばに出て、階段を下ると、歩いてきた車道に出る。

ここから道場駅❻には往路を戻る。

逆コース・アドバイス

- 百丈岩と鎌倉峡の両方を歩くのであれば、逆コースのほか、売店「やまびこ」から修験の道を登り、百丈岩→静ヶ池→鎌倉峡に向かうハイカーが多い
- 逆コースでも枝道では迷いやすい。道標を確かめ、分岐などでは違う道に入らないように。特に、分岐❸から南尾根への入り口がわかりにくい

▲ 百丈岩の向こうに鎌倉峡

▲ ガレ場をトラバースして下る

春の鎌倉峡

鎌倉峡を探勝する

鎌倉峡の早瀬

道は川沿いで少し荒れ、ハードになるが、鎌倉峡を探勝してもいい。上流には大きな住宅地があるので水は綺麗とは言えないが、さかのぼっていくと、流れのそばをへつったり、小さなゴルジュを高巻いたり、また、周囲の木々などを愛でながら沢登りができる。

分岐❸から南西に行けば40分ほどで鎌倉峡の上部に出られるので、そこから下降するハイカーもいる（地図の──線）。鎌倉峡の入口の川辺で、のんびり川遊びを楽しむ家族連れもいる。

9 百丈岩・静ヶ池

JR西日本／兵庫県

10 中山連山・中山寺

広く大阪平野を見晴るかす縦走路

なかやまれんざん・なかやまでら

標高 478m

初級

登山シーズン: 1 2 3 4 5 6 7 8 9 10 11 12

歩行時間 約5時間

歩行距離 約10km

標高差 約430m

問い合わせ先
大本山中山寺
0797-87-0024

▲ 展望のよい岩まじりの道をゆく

往路(約25分)

大阪梅田駅 ― 25分 阪急電鉄宝塚線 → 山本駅

帰路(約30分)

中山観音駅 ― 30分 阪急電鉄宝塚線 → 大阪梅田駅

阪急電鉄宝塚線「山本」駅

コース・周辺の見どころ

眺望 / 草花・草原 / 滝・渓谷 / 神社・仏閣 / 温泉 / 森林 / 街並 / 湖・沼

中山連山は、大阪北部、阪急宝塚線の北を東西に伸びる山域。一般に中山縦走路と呼ばれ、大阪のハイカーが日帰りで最初に訪れる山として知られる。

市街に近いながらもドライブウェイを横切るようなことがなく、ハイキングを楽しめる。起点・終点で満願寺・中山寺（中山観音）の古刹を結び、最明寺滝、夫婦岩などの名所も点在。縦走路は展望もよい。

大阪平野を眼下に

コースガイド

登りごたえのある山並み

阪急電鉄宝塚線の北に緩やかに広がる中山連山の登山道は中山縦走路とも呼ばれ、大阪北部のハイカーが"まず最初に歩く山"として知られる。

阪急電鉄宝塚線「山本」駅❶から道標にしたがって北に30分ほど歩くと、最明寺滝に着く。落差は10mほどと大きくはないが、周囲を岩壁に囲まれ、住宅地のすぐ裏にありながらも深山幽谷の趣に包まれている。滝を眺めながら、ひと休みしたい。

滝からいったん戻るが、滝の上流にある満願寺も訪ねてみよう（地図の──線）。奈良時代に開創された高野山真言宗の由緒ある寺院である。

満願寺から道標を確認して北西に伸びる尾根に向かって登っていく。なお、満願寺から近道で直接、中山縦走路の岩場付近に登っていく道もある（地図の──線）。

標高300mほどと低いながらも、尾根を登る道は展望もよい。ただ、最初に出会う岩場❷は傾斜が急でもあり、転んだりしないように注意したい。

この岩場を通過し、大きな鉄塔の下を通ってから先は、時折、岩場や樹間に広がる大阪市街の展望を楽しみながら、マツなどの明るい疎林帯の道を歩いていく。途中、コースは明瞭なものの枝道がいくつかあるので、間違えないようにしたい。

満願寺から歩いて2時間半ほどで、中山の最高峰❸に着く。標高は478mと高くはないが、登りごたえのある山だ。

山頂は広く、眼下に大阪市街の眺望を楽しむことができる。山頂のすぐ下まで住宅地が迫ってきている。宝塚の街を挟んで、六甲山系も指呼の間だ。山頂でのんびりと昼食を楽しむハイカーも多い。

10 中山連山・中山観音

阪急電鉄──兵庫県

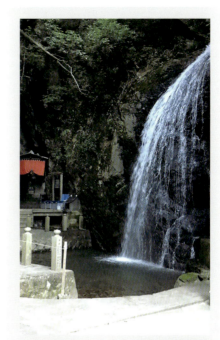
▲ 岩壁に囲まれた最明寺滝

▲ 満願寺の山門

▲ 満願寺から尾根を登っていく

夫婦岩から中山寺へ

　山頂から南下する尾根に伸びる道を下っていく。30分ほど歩くと、中山寺奥の院❹に着く。立派な祠があり、水場もある。
　中山寺奥の院から先は、下山口である中山寺への参道を下りていく。ハイキング道は阪急電鉄宝塚線「清荒神」駅に下りるコースと同「中山観音」駅に下りるコースの二手に分かれるが、どちらを下っても時間的に大きな差はない。
　向かって左手、奥の院の参道となっている中山寺方面に下山すれば、30分ほどで夫婦岩と呼ばれる大岩に着く。
　夫婦岩まで下りれば、下山口は近い。あとは公園として整備された道をさらに30分ほど下ると、中山寺に着く。のんびり参拝するのもいいだろう。参道をほんの数分で、阪急電鉄宝塚線「中山観音」駅❺に着く。

逆コース・アドバイス
・阪急電鉄宝塚線「中山観音」駅から登り、尾根を縦走して同「山本」駅に下りるほうが、ハイカーは多い
・満願寺や最明寺滝の近くにある岩場の下りでは転倒などに注意したい

▲ 縦走路から六甲山系を望む

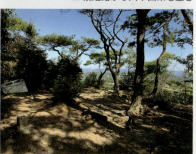
▲ 広く展望のよい中山最高峰

10 中山連山・中山観音

阪急電鉄 ― 兵庫県

日本最初の観音霊場 中山観音を散策する

奥の院から境内の参道に

　阪急電鉄宝塚線の沿線には、「中山観音」「売布神社」「清荒神」など古くからの寺院・古刹が多く、それらは阪急電鉄宝塚線の駅名ともなっている。
　中山寺は中山観音とも呼ばれ、真言宗中山寺派大本山の寺院。安産祈願・子授祈願で名高く、聖徳太子の創建によると伝えられる。
　日本で最初の観音霊場としても広く知られ、西国三十三所の札所でもある。「安産の観音さま」として全国に知られた名刹で、参拝者も多い。

11 岩稜を堪能する播磨アルプス
高御位山・鹿嶋神社
たかみくらやま・かしまじんじゃ

標高 304m

中級

登山シーズン: 1 2 3 4 5 6 7 8 9 10 11 12

歩行時間 約5時間
歩行距離 約10.5km
標高差 約300m

問い合わせ先
加古川観光協会
☎ 079-424-2170

▲ 百間岩展望台からの高御位山

JR山陽本線（神戸線）「曽根」駅

往路（約65分）

大阪駅 →55分 JR山陽本線（神戸線）新快速→ 加古川駅 →7分 JR山陽本線（神戸線）快速→ 曽根駅

帰路（約65分）

曽根駅 →7分 JR山陽本線（神戸線）快速→ 加古川駅 →55分 JR山陽本線（神戸線）新快速→ 大阪駅
※大阪駅・曽根駅間は直通（快速）だと約1時間30分

コース・周辺の見どころ

眺望　草花・草原　滝・渓谷　神社・仏閣　温泉　森林　街並　湖・沼

兵庫県の播磨（播州）地方は、標高は低いものの岩山が多い。播磨富士の別名を持つ高御位山を主峰に、東西に連なる播磨アルプスもその一つだ。むき出しの岩尾根を登り、眼下に播磨の平野から瀬戸内海を見渡せば、爽快なハイキングができる。手軽に毎週のように通う地元のハイカーもいれば、夏の北アルプスの"予行演習"のように登るハイカーもいる。

高御位山の山麓

コースガイド

百間岩に挑戦！

　JR山陽本線（神戸線）「曽根」駅❶で下車し、北に10分ほど歩くと国道2号に出る。渡ったところが豆崎登山口❷だ。ここは少し北の中所登山口からのコースが私有地を通るため設けられた道。最初は鬱蒼とした林を歩くが、すぐに疎林になり、大谷山、地徳山を越える。

　下った鞍部で鹿嶋神社に下りる道を右手に見て、少し登ると展望台❸。これから歩く播磨アルプスを望み、眼下には鹿嶋神社の大鳥居や竿池など大きな貯水地が広がる。

　さて、ここから30分ほどが百間岩。木の育たない岩尾根で、まるでアルプスの稜線を歩くように爽快な気分になる。

　滑落するととても危険なので、慎重に登っていく。風の強い日や雨の日などは、無理せずあきらめよう。

　別所奥山からは少し楽になり、少し下って登ったところが鷹の巣山❹。ここから高御位山までは展望のきく疎林の稜線を登ったり下りたりの縦走気分。40分ほどで高御位山山頂❺の一角に着く。

　高御位山の山頂部は東西に長く、天乃御柱天壇と記された石碑や高御位神社の社殿、大正10（1921）年、関西初のグライダー飛行成功者を顕彰する「飛翔の碑」などがある。南斜面は岩場なので、気をつけよう。神社の境内や飛翔の碑などの休憩場所では、多くのハイカーが昼食をとっている。

岩尾根を長尾登山口へ

　下山のコースはさらに南東に縦走し、JR山陽本線（神戸線）「宝殿」駅に向かうコースなどいくつかあるが、鹿嶋神社に立ち寄るなら、南に伸びる岩尾根に伸びる長尾登山口に下りるコースがいいだろう。

▲ 山麓からのぞむ播磨アルプス

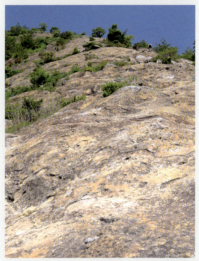
▲ 百間岩を登り別所奥山へ

▲ 高御位山山頂にある「天乃御柱」の天壇

▲ 高御位山からダイレクトに下山

11 高御位山・鹿嶋神社

JR西日本―兵庫県

11 高御位山・鹿嶋神社

JR西日本 — 兵庫県

　百間岩と長尾登山口に下りるコース、どちらがスリル満点かは人によって異なる。どちらも怖い、無理だと思ったら、岩場の少ないほかのコースもある。

　いずれにしても岩場の多い山なので、用心して下りていく。アルプスの岩場の練習には"もってこい"の山だ。

　山頂から1時間足らずで、阿弥陀新池❻という大きな貯水地に下りる。

　ここからは播磨アルプスに囲まれたような山裾の車道を30分ほど歩けば、鹿嶋神社❼の大鳥居に着く。

　大鳥居をくぐった先の境内は広く、本殿を回ると30分以上はかかる。

　参道には名物の「かしわもち」を販売している店がいくつかあるので、立ち寄ってひと休みもいい。

　大鳥居から車道を南に40分ほど歩けばJR山陽本線（神戸線）「曽根」駅❽に着く。

逆コース・アドバイス
・百間岩を下らなくてはならない。長尾登山口のコースも、どちらも注意して歩けば問題ないが、まれに滑落事故もある
・特に岩場が怖いというハイカーは、無理をしないほうがよい

▲ 長尾登山口へ岩尾根を下る

▲ 展望のよい岩尾根のベンチ

歩いて立ち寄る！おすすめスポット

鹿嶋神社と「かしわもち」

鹿嶋神社の本殿

ひときわ目立つ大鳥居

　播磨地方では「かしまさん」と呼ばれる身近な神社。一つの願いを必ずかなえてくれる「一願成就」の神社としても有名で、山登りの安全祈願などで参拝する人も多い。

　神前で香を焚き、灯明を点ずる習わしがあり、神殿を時計周りにまわるなど、境内めぐりも趣がある。

　ちなみに神社の入口にある大鳥居はチタン製で、大きさは日本最大級とされる。播磨アルプスの稜線からもひときわ目立つ存在だ。

12 白髪岳・松尾山

丹波篠山の門番のようにそびえる名山

しらがたけ・まつおやま

標高 722m・687m

中級

登山シーズン
1 **2 3 4 5** 6 7 8 9 **10 11 12**

歩行時間 約6時間
歩行距離 約12.5km
標高差 約510m

問い合わせ先
篠山観光案内所
☎ 079-552-3380

▲ 住山地区からのぞむ白髪岳

往路（約70分）

大阪駅 ─ 70分 JR福知山線（宝塚線） ─ 古市駅

帰路（約70分）

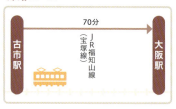

古市駅 ─ 70分 JR福知山線（宝塚線） ─ 大阪駅

JR福知山線（宝塚線）「古市」駅

コース・周辺の見どころ

眺望　草花・草原　滝・渓谷　神社・仏閣　温泉　森林　街並　湖・沼

　白髪岳は丹波篠山盆地の南西にそびえる名山。丹波富士の愛称で親しまれている。山麓の住山地区は里山の趣にあふれ、山頂部の岩場はスリルに富んだハイキングが楽しめる。

　東にそびえる松尾山（高代寺山）は山城で、両山を結び、いにしえの城跡をめぐるハイキングも趣がある。白髪岳山頂からは、播州と但馬（播但地方）の山々が広く見渡せる。

多紀アルプス遠望

コースガイド

山頂直下の岩場を越えて

　鉄道を使って白髪岳に登るには、JR福知山線「古市」駅❶からが便利だ。

　古市駅からいったん国道372号線に出て踏切を渡り、天神川の上流にある住山という集落に向かう道を歩く。住山は平家の伝説もなどに彩られた集落。周囲はのどかな里山風景に包まれ、その奥に白髪岳の岩峰がどっしりとかまえている。

　古市駅から1時間足らずで松尾山に向かう道を右手に見て、左手の谷沿いの林道をさらに登っていこう。松尾山との分岐から30分ほどで東屋と水場のある空き地があり、そこが白髪岳への登山口だ。道標を確認して、小さな沢沿いの道を登っていく。

　白髪岳の登山口から1時間近く、山頂が近づくと展望も開けてくる。だが、山頂直下は岩場になっていて、ロープなどがついているといっても気が抜けない。

　「ここを登るのはちょっと無理かな」と思ったら、巻道を探してみよう。ハイカーも多い山だけに、巻道は確実にある。

　眼下に住山の集落を望み、その先に六甲山系や播州の小さな独立峰と山あいの集落がいくつも見える。

　岩場を乗り越えたら、白髪岳山頂❷はすぐだ。あまり広くはないが、展望は抜群だ。特に北東には篠山盆地、丹波篠山の城下町を隔てて多紀アルプスの御嶽、小金ヶ岳などの岩峰が大きい。

古城跡の松尾山へ周回する

　白髪岳で展望を楽しんだら、白髪岳の東に対峙する松尾山に向かう。ロープがたくさん伸びる急坂を下り、尾根上に伸びる道でも尾根を巻くように伸びる道でもどちらのコースでも、白髪岳山頂から30分ほど

で鐘掛の辻という峠に着く。

　峠から30分ほど、広い尾根を登りきったところが松尾山❸だ。古くは高仙寺山などとも呼ばれ、城址が残る。山頂は山城らしく台地状で広いが、展望は利かない。

　下山は千年杉と呼ばれる杉の巨木を見て、松尾山山頂から30分で卵塔群というたくさんの首なし地蔵のあるところに着く。卵塔群からまっすぐ南に下る道でもよいが、東に愛宕堂や高仙寺本堂跡、阿弥陀堂跡などの廃寺、不動滝などをまわって下りてみよう。

　ただ、松尾山山頂から住山集落への道は晩秋には落ち葉に埋もれ、わかりにくいことに注意したい。また、白髪岳周辺は他の山と比べてマムシが多く棲息するようだ。

　山中の茶畑の脇を抜け、住山集落に下山したら、あとはのんびりとJR福知山線「古市」駅❹まで里山散策を楽しみたい。

▲ 古市の街道筋を歩く

▲ 明瞭な道を登る

▲ 直下の岩場

12 白髪岳・松尾山

JR西日本ー兵庫県

京都北山・琵琶湖周辺の山々

「駅から山歩き」のポイント

- 京都北山の「駅から山歩き」は京都市街に近い山域に限られ、風水害による倒木のほか、場所によりヤマビルに注意したい
- 比良山系は「駅から山歩き」できる本格的な山。初心者の単独登山は控えたい。冬は関西の他の日帰りできる山域より積雪も多い
- 湖東の山も「駅から山歩き」できるコースは限られるが、山城や神社仏閣、古墳めぐりなどの楽しみも多い

比叡山上から望む大津市街

13 京都嵐山の北にそびえる名峰
愛宕山・水尾の里
あたごやま・みずおのさと

標高 924m

中級

登山シーズン
1 2 3 4 5 6 7 8 9 10 11 12

歩行時間 約6時間

歩行距離 約12km

標高差 約860m

問い合わせ先
京都愛宕神社
📞 075-861-0658

▲ 嵐山から遠望する夕照の愛宕山

JR山陰本線「保津峡」駅

往路（約70分）
大阪駅 →35分 JR京都線→ 京都駅 →30分 JR山陰本線→ 保津峡駅

帰路（約70分）
保津峡駅 →30分 JR山陰本線→ 京都駅 →35分 JR京都線→ 大阪駅

コース・周辺の見どころ

眺望	草花・草原	滝・渓谷	神社・仏閣	温泉	森林	街並	湖・沼

京都市街から北を望むと、西にひときわ大きな山塊を見る。愛宕山は西端の門番のようにどっしりとかまえる名山だ。山頂部には深い杉林に囲まれた愛宕神社があり、山麓の清滝から月輪寺を抜け、また表参詣道の大杉神社を抜けて参拝するハイカーが多い。駅から歩く場合は保津峡駅から尾根を登る。
　水尾の里に立ち寄れば、里山をめぐる1日ハイクとなる。

愛宕神社の境内

コースガイド

荘厳な山頂神社に参拝する

愛宕山は京都市街の北西にそびえる独立峰。山頂部のこんもりとした森におおわれた山容は市街からもよくわかり、多くの日帰りハイカーを迎えている。

鉄道駅から愛宕山に登る場合、JR山陰本線「保津峡」駅❶が便利（嵯峨野観光鉄道のトロッコ列車も走っているが、予約したほうが安全）である。

保津川を渡り右手に壁岩という岩壁に沿った車道（保津川の左岸）を数分歩いたら左手に登山道の入口がある。

ツツジ尾根と呼ばれる尾根の道で、明瞭なのだが、表登山道などではないため、目立った道標はない。木に赤いテープが目印として巻いてある程度だ。取りつきをきちんと見定めてから登っていこう。

ツツジ尾根の急な道を1時間ほど登ると、荒神峠❷の分岐に出る。真ん中の尾根の道を直進して20分ほどで、清滝方面からの表登山道と合流する。

ツツジ尾の取りつきから表登山道との分岐まで枝道や獣道はあるものの、常にいちばん踏まれた登山道を登れば、まず迷うことはない。ただし、落ち葉の時期は道を間違いやすいので注意しよう。

表登山道の分岐からは四季を通じて多くのハイカーが歩いている。初詣登山を楽しむハイカーもいる。ただ、近年の豪雨により倒木がいくつかあるので、注意したい。

分岐から10分ほどで水尾分かれ❸に着く。「ゆずの里」として知られる嵯峨水尾への分岐だ。水尾へは帰りに寄ることとして、まず山頂に向けて登っていこう。水尾分かれから20分ほどで、愛宕神社総門（黒門）に着く。周囲の杉林は整然と並びながらも鬱蒼としてい

13 愛宕山・水尾の里

JR西日本─京都府

▲ 風情のあるトロッコ保津峡駅

▲ ツツジ尾根の取りつき

▲ 水尾分かれの東屋

▲ 黒門をくぐって本殿・山頂へ

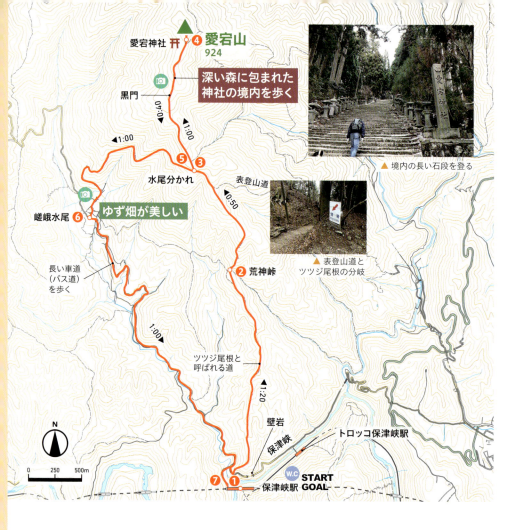

て、いかにも古刹の社叢といった雰囲気が漂っている。

黒門を抜け、社務所を通り、長い石段を登っていった先が本殿のある愛宕山山頂❹だ。山頂の外れにある展望台に行かないと展望は利かないが、厳かな雰囲気の漂う山頂一体。のんびりと参拝して回ろう。

ゆずの里へ急降下

下山は登ってくる際に通りすぎた水尾分かれ❺の分岐を西に、嵯峨水尾への道を下る。急坂だが明瞭な道だ。

水尾分かれからのんびりと1時間足らず下ると、嵯峨水尾❻の集落に着く。開けた山懐の集落で、ゆずの里として知られるだけあって、ゆず栽培の段々畑が美しい。

JR山陰本線「保津峡」駅❼まではバスも通じているが本数は日に5本程度と多くはなく、保津峡駅までは4kmほどなので、のんびりと歩いて下ろう。

逆コース・アドバイス
- JR山陰本線「保津峡」駅から嵯峨水尾までの1時間ほどの車道歩きがきつい
- 表登山道を下山し、清滝から嵐山まで歩くこともできる

▲ 表登山道と合流すると、かわいい地蔵が並ぶ

▲ 水尾分かれから水尾の里へ下る

13 愛宕山・水尾の里

JR東日本―京都府

嵯峨水尾、ゆずの里を散策する

ゆずの収穫期は11月～12月

嵯峨水尾は、国内におけるゆず栽培の発祥地といわれる。冬の京料理には欠かせないゆず。例年、収穫期は11月～12月なので、初冬の寒い時期にもかかわらず、多くの行楽客が訪れる。

氏神である清和天皇社、円覚寺など古い寺社もあるので、散策して見てまわるのも楽しいものだ。

集落内の店舗で、ゆずの加工品を買い求めることもできる。ゆずを購入して自宅で料理に添えたり、ゆず風呂を楽しんだりするのもいいだろう。

14 比叡山・延暦寺

天台宗総本山を抱く京都・滋賀の名山

ひえいざん・えんりゃくじ

標高 848m
中級

登山シーズン: 1 2 3 **4 5 6** 7 8 9 **10 11** 12

歩行時間 約5時間30分
歩行距離 約10km
標高差 約770m

問い合わせ先
比叡山びわ湖観光情報サイト
https://www.hieizan.gr.jp

▲ 琵琶湖から望む比叡山

京阪電鉄石山坂本線「坂本比叡山口」駅

往路(約80分)

大阪駅 →40分 JR京都線→ 山科・京阪山科駅 →30分 京阪京津線・石山坂本線→ 坂本比叡山口駅

帰路(約80分)

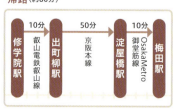

修学院駅 →10分 叡山電鉄叡山線→ 出町柳駅 →50分 京阪本線→ 淀屋橋駅 →10分 OsakaMetro御堂筋線→ 梅田駅

コース・周辺の見どころ

眺望　草花・草原　滝・渓谷　神社・仏閣　温泉　森林　街並　湖・沼

京都市街の東端にそびえる比叡山。四方から登山路、また山中の延暦寺への参道が通じる。東の琵琶湖側、西の京都側と登降の起点・終点を変えれば、いずれもバスなどの時刻を気にせずに、鉄道駅から比叡山の2つの側面を堪能できる。
　延暦寺は、天台宗の総本山。比叡山全体が寺域であり、延暦寺の東塔、西塔、横川の3寺社群は滋賀県側にある。

湖南地方を望む

60

14 比叡山・延暦寺

京阪電鉄・叡山電鉄—京都府・滋賀県

> コースガイド

山懐にある壮大な寺院

　京都市街の東、滋賀県との県境にそびえる比叡山。ドライブウェイやケーブルカーなどがあり手軽に散策することもできるが、山腹に点在する寺社などを散策して歩くのも楽しい。県境をまたいで歩けば、山としての奥深さを感じることもできる。

　滋賀県側の京阪電鉄石山坂本線「坂本比叡山口」駅❶（もしくはJR湖西線「比叡山坂本」駅）から西に道標を確認しつつ歩いていく。10分ほど歩くと、延暦寺境内の一角だ。坂本ケーブルを左手に見て、長い石段を登るとようやく山道になる。

　地蔵や御廟などを右や左に見て登っていく。京阪電鉄「坂本比叡山口」駅から参道を2時間ほどで、延暦寺の総本堂である根本中堂❷の一角に着く。

　親鸞聖人が開いた天台宗の総本山・延暦寺。比叡山の茫洋とした山容には不釣り合いなほど立派で、山を圧するような寺院建造物である。

　根本中堂、大講堂などの東塔と呼ばれる地域をめぐりながら、比叡山の山頂に向かおう。根本中堂からゆっくり歩いて30分ほど、大黒堂、阿弥陀堂、いくつかの梵鐘などをゆっくり見てまわって登ること1時間ほどで、大比叡❸と呼ばれる比叡山山頂に着く。

　山頂は広いものの、展望はあまり利かない。山頂から少し外れると、樹間に湖南地方（琵琶湖南部）や大津市街の眺望を得られる。大比叡はむしろ延暦寺の寺院群、ドライブウェイの陰に隠れるように、ひっそりとたたずむ山頂だ。

雲母坂に向かって京都に下山

　京都側に下りてみよう。大比叡から叡山

▲ 坂本から境内の石段を登っていく

▲ 根本中堂に向けてずっと続く石段

▲ 石段を越え、山道に入ると山らしく

▲ 山道には地蔵、御廟が並ぶ

61

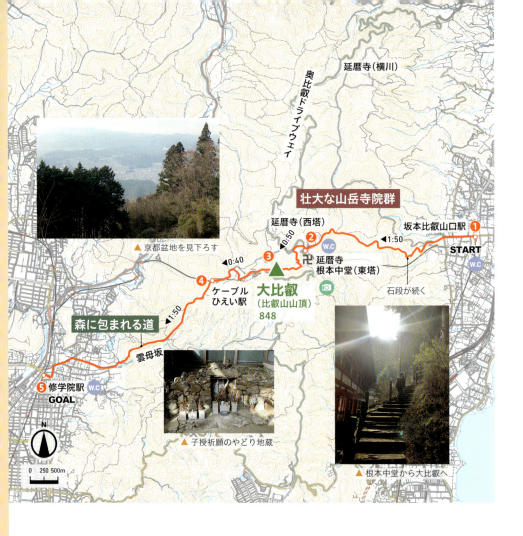
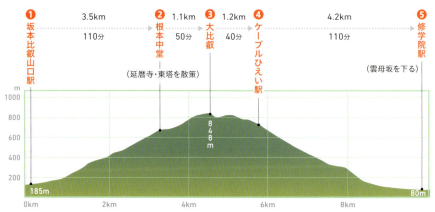

14 比叡山・延暦寺

京阪電鉄・叡山電鉄─京都府・滋賀県

ロープウェイ駅、**叡山ケーブル駅（ケーブルひえい駅）**❹の脇を抜けていく。山頂からケーブルカー駅まではハイカーもたくさんいる。展望の利くところでは、京都北山の里山と京都盆地の市街が大きい。

子授祈願のやどり地蔵の小さな鳥居・祠を抜けると、やがて深い杉林のなかを下りていく。一帯は雲母坂と呼ばれるコースで、延暦寺への勅使や修行僧が往来した、いにしえの道でもある。結界碑などを見ながら下っていこう。

京都や大阪北部の山は同様だが、近年続く夏の豪雨、台風などの影響もあり、道は明瞭なものの倒木が多く、風雨災害のすさまじさを感じる。

緩やかな道はやがて谷筋を下りるようになる。結界碑などを左右に見て、山頂から2時間足らずで修学院の離宮や住宅地に出る。**叡山電鉄「修学院」駅**❺には、離宮から鷺森神社を経て20分ほどだ。

逆コース・アドバイス
- 順と逆、どちらのコースも時間的・体力的に大差はない。だが、冬季に延暦寺境内の石段が凍っていたり朝露に濡れたりしていると、滑りやすい

▲ 東塔にある鐘

▲ 北に奥比叡、比良山系を望む

▲ 雲母坂の杉の道

天台宗の総本山・延暦寺をまわる

根本中堂の大講堂

親鸞聖人が開いた天台宗の総本山である延暦寺。実は延暦寺という1棟の建造物があるのではなく、約1700haの広大な境内に点在する100を超える寺院建造物の総称である。

境内は比叡山の山体全域にわたり、根本中堂のある東塔、釈迦堂を中心とした西塔、横川中堂を中心とした横川と3つの地域に分かれている。

コースは東塔を歩くが、時間に余裕があれば、他の地域をシャトルバスを使ったりしてまわってみたい。

15 瓢箪崩山・三宅八幡宮

京都北山でのんびり森林浴

ひょうたんくずれやま・みやけはちまんぐう

標高 532m
中級

登山シーズン: 1 2 **3 4 5** 6 7 8 9 **10 11 12**

歩行時間 約5時間
歩行距離 約10.5km
標高差 約430m

問い合わせ先: 特になし

▲ 山麓から山頂部をのぞむ

往路 (約70分)

梅田駅 →2分→ 淀屋橋駅（OsakaMetro御堂筋線）→55分→ 出町柳駅（京阪本線）→10分→ 八幡前駅（叡山電鉄鞍馬線）

帰路 (約70分)

八幡前駅 →10分→ 出町柳駅（叡山電鉄鞍馬線）→55分→ 淀屋橋駅（京阪本線）→2分→ 梅田駅（OsakaMetro御堂筋線）

叡山電鉄鞍馬線「八幡前」駅

コース・周辺の見どころ

眺望　草花・草原　滝・渓谷　神社・仏閣　温泉　森林　街並　湖・沼

平安の昔から歩き続けられた峠道と山里の歴史に富む京都北山のなかでも、電車で行ける便利な山。道標はよく整備されており道も歩きやすい。
　穏やかな樹林のなか、五感で自然を感じながら、京都北山歩きを一日のんびりと満喫したい。
　下山したあと、小野妹子（小野毛人）ゆかりの崇道神社、三宅八幡宮などに立ち寄って、いにしえの歴史を堪能してみよう。

樹林の道を歩く

15 瓢箪崩山・三宅八幡宮

京阪電鉄・叡山電鉄─京都府

> コースガイド

森林浴をしながら山頂へ

　京都北山人気と、日本海側の小浜と京都の出町柳を結んだ"鯖街道"の知名度も相まって、遠方からの訪問者も多い瓢箪崩山。登頂ルートはいくつかあり、公共交通機関を利用した場合は、岩倉からは2カ所、大原からも2カ所ある（いずれも左京区）。

　ちなみに瓢箪崩山は大原の里10名山の一つで、金毘羅山、翠黛山、焼杉山を通って大原側に縦走することもできる。

　叡山電鉄「八幡前」駅❶から三宅八幡宮を右手に見ながら車道を北に歩いていく。花園町のバス停を直進し、住宅街のなかを瓢箪崩山の山頂を見ながら東方に行くと、約30分で瓢箪崩山登山口❷だ。折り返すように左手の道を登る。

　かなりの急登で、一気に高度を稼いでいることを実感するだろう。

　やがて道はゆるやかになる。歩きやすくルートも明瞭。鳥のさえずりを聞きながら、のんびりと森林浴を楽しもう。天高く伸びる杉林の足もとの落葉を踏みしめながら高度を上げていくと、針葉樹の松やヒノキが姿を現しはじめる。植生の変化も楽しい。

　展望はあまりきかないが、時折右手に比叡山の山並みが見える。

　登山口から1時間ほど登れば分岐❸に到着する。真っ直ぐ進めば30分ほどで瓢箪崩山山頂❹だ。広い山頂で一息入れるといい。木々の間から比叡山、蓬来山、愛宕山方面の展望が開けている。

道迷いに注意して縦走下山

　下山は来た道を戻ってもよいが、北西へ下ればすぐ寒谷峠❺だ。峠からさらに北へ向かえば江文峠を経る縦走路で、大原と岩倉長谷町を結ぶ古道とも交差する。ここで

▲ 登山口右手にあるトトギ池

▲ 登り始めは急坂の道

▲ 広々とした瓢箪崩山山頂

▲ 山頂から比叡山方向をのぞむ

▲ 迷いやすいピーク461付近

▲ 鳥居をくぐり、三宅八幡への参道を行く

は、折り返すように山頂西側のトラバース道を戻る。すると、登って来た道に合流する。

分岐❻まで戻り、八瀬・上高野方面に向かう。ここからは多少迷いやすいところもあるので、自信のない人は来た道を戻ろう。

しばらくはゆるいアップダウンの尾根道。標識は多くないが、テープが随所にある。分岐から20分ほど歩いたピーク461あたりは、迷いやすい。右手の南方にテープを探してしっかりとした踏み跡のある道を探して歩く。枝道があるところには標識があるので、上高野方面に向かう。

急になり、道が西方に向かうようになると、両側にロープが張られた道となる。南側にロープが途切れている箇所から崇道神社❼に下る。標識はないので注意したい。小野毛人（えみし）の墓が現れれば境内だ。深閑とした静かな境内を抜け、国道を西に。大鳥居をくぐり参道を行けば、三宅八幡宮を経由して八幡前駅❽までは40分程度だ。

逆コース・アドバイス

・崇道神社からの登山口がわかりにくい。多くの人が迷っているようで、あまりおすすめしない

▲崇道神社への下山地点には標識はない

▲東塔にある鐘

▲崇道神社の深閑とした境内

15 瓢箪崩山・三宅八幡宮

京阪電鉄・叡山電鉄―京都府

三宅八幡宮にある「絵馬展示資料館」

激動の時代の民衆の暮らしを肌で感じられる

第15代・応神天皇が祀られ、子どもの守り神として親しまれている三宅八幡宮。境内にある絵馬展示資料館には、幕末から明治後期にかけて奉納された数多くの大絵馬が展示されている。

参拝する姿が描かれた「行列絵馬」には、どれも参拝者全員の氏名が記され、服や頭髪などの変化に、その時代の生活様式を実感できる。

入館10時から15時で、下山時に立ち寄ればいい。時間が許せば宮司さんが案内してくれるかもしれない。

16 貴船山・鞍馬寺

京都北山の峠道と北山杉、寺院群を満喫

きぶねやま・くらまでら

標高 700m
中級

登山シーズン: 1 2 **3 4 5** 6 7 8 9 **10 11 12**

歩行時間 約5時間30分
歩行距離 約11km
標高差 約540m

問い合わせ先
京都総合観光案内所
075-343-0548

▲ 初冬の二ノ瀬ユリを歩く

叡山電鉄鞍馬線「鞍馬」駅

往路（約100分）

大阪梅田駅 —45分(阪急電鉄京都線)→ 京都河原町駅 —15分(京阪電鉄本線)→ 祇園四条駅 —30分(叡山電鉄鞍馬線)→ 出町柳駅 → 鞍馬駅

帰路（約90分）

二ノ瀬駅 —20分(叡山電鉄鞍馬線)→ 出町柳駅 —15分(京阪電鉄本線)→ 祇園四条駅 —45分(阪急電鉄京都線)→ 京都河原町駅 → 大阪梅田駅

コース・周辺の見どころ

眺望　草花・草原　滝・渓谷　神社・仏閣　温泉　森林　街並　湖・沼

京都市街から北、若狭まで広がる広大な山域が京都北山。ほとんどの山がマイカーかバスで行くことになるが、貴船・鞍馬の一帯は、京都北山の玄関口として叡山電鉄鞍馬線の下車駅から登ることができる。
義経と天狗伝説で有名な鞍馬寺、水神の総本宮である貴船神社の2つの寺社を結び、峠道をゆっくりと歩いけば、木洩れ陽のなか森林浴を楽しめる。

貴船神社を訪ねる

コースガイド

天狗の鞍馬から水神の貴船へ

　叡山電鉄鞍馬線「鞍馬」駅❶から道標を確認して参道を登っていくと、30分ほどで鞍馬弘教の総本山である鞍馬寺にたどり着く。名のとおり天狗、また義経伝説で有名な鞍馬寺。境内には与謝野鉄幹・晶子の句碑のほか、本堂などの文化財も多く、仁王門から順番に見てまわるのも楽しい（要入山＝愛山料）。

　登山道は鞍馬寺から10分も登ると標高500mの峠に出て、奥の院への参道となる。義経堂や魔王殿を経て急坂の参道を30分ほど下ると、鞍馬寺西門に着く。貴船川沿いの車道に出て北に向かう。

　清流で知られる貴船川に沿っていくつかの飲食店、茶屋が並び、5〜9月は川床神社を楽しむ人も多い。周辺一帯が貴船神社❷の境内でもある。

　貴船神社は万物の命の源である水の神を祀る全国2000社を数える水神の総本宮として知られている。参道には延々と数百の鳥居が並ぶ姿は圧巻だ。

　ハイキングとしてはもう少し歩いていきたい。貴船川の清流を愛でながら、上流に登っていこう。貴船神社から1時間30分ほど、奥宮を経てたどり着いたところが滝谷峠❸。倒木もあるが、杉林に囲まれて落ち着いた雰囲気のある峠道だ。

　京都北山らしい里山の1シーン。難点は一帯にはヒルが多いことだ。夏場を避け、晩秋から早春に訪ねたほうがいい。

二ノ瀬ユリをのんびりと下る

　滝谷峠から北に向かえば芦生の里、北西に向かえば魚谷山だが、左手・南の方角へと緩やかな尾根の上を歩いていく。どこまでもしっとりとした植林の散策路。緩やか

16 貴船山・鞍馬寺

叡山電鉄 ― 京都府

▲ 叡山電鉄鞍馬線は紅葉の名所

▲ 鞍馬寺を登っていく

▲ 由岐神社を通る

▲ 鞍馬寺境内から京都北山の眺め

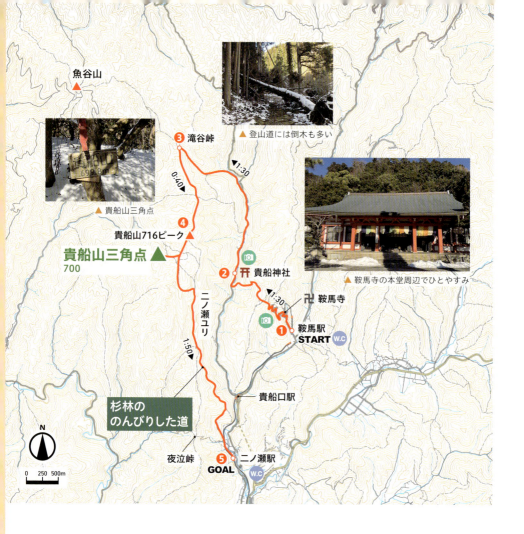

に登りきったところが貴船山716ピーク❹であり、右手の枝道に入って登ったところに貴船山の三角点がある。展望は利かず、ひっそりと立つ。

貴船山からの下山道は尾根の東斜面を緩やかに巻くように伸びている。二ノ瀬ユリと呼ばれる道だ。「ユリ」の由来は「折り」が転じたもの、「緩い山腹道」など諸説ある。標高差がほとんどない緩やかな下りだ。

ただし、豪雨などにより補修工事や伐採作業が入っているケースもある。その場合は二ノ瀬ユリの途中から急坂を叡山電鉄鞍馬線「貴船口」駅に下るコースのほか、二ノ瀬ユリの尾根を30分ほど南下して夜泣峠から左手に下りるコースもあるので、臨機応変に考えよう。

いずれにせよ、貴船山716ピークから2時間足らずで、叡山電鉄鞍馬線「二ノ瀬」駅❺(もしくは「貴船口」駅)に着く。

▲鞍馬寺から貴船神社に下りる

▲貴船神社を散策

▲のんびり下れる二ノ瀬ユリ

逆コース・アドバイス
・時間に応じて鞍馬寺周辺をゆっくりと見学できる
・滝谷峠から北西の魚谷山方面にハイキングできる

初冬の滝谷峠

水神の総本宮・貴船神社を探勝する

貴船神社にある天の磐船

ハイキングの起点となる鞍馬寺も散策によいところだが、水の神様の総本宮ともいうべき貴船神社もゆっくりと見てまわりたい。

本宮・結社・奥宮など、境内は神域で数多くの鳥居が並ぶ。深い社叢に囲まれた社殿があり、荘厳としたたたずまいを見せている。天の磐船といわれる船形石、杉のご神木もみごとだ。

ハイキングでは、水は欠かせないもの。それだけに、水の起源をさかのぼるようにゆっくりと参拝してみたい。

16 貴船山・鞍馬寺　叡山電鉄―京都府

17 堂満岳・北比良峠

琵琶湖西岸に迫るピラミダルな山容

どうまんだけ・きたひらとうげ

標高 1057m　上級

登山シーズン：4 5 6 7 8 9 10 11 12

歩行時間 約7時間
歩行距離 約11.5km
標高差 約970m

問い合わせ先
比良山遭難防止対策協議会（レスキュー比良）
https://hirasan.otsu.jp

▲ 比良駅から望む堂満岳

往路（約80分）

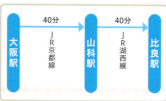
大阪駅 →（40分 JR京都線）→ 山科駅 →（40分 JR湖西線）→ 比良駅

帰路（約80分）

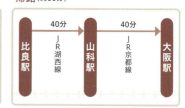
比良駅 →（40分 JR湖西線）→ 山科駅 →（40分 JR京都線）→ 大阪駅

京都駅乗換でもよい

JR湖西線「比良」駅

コース・周辺の見どころ

眺望　草花・草原　滝・渓谷　神社・仏閣　温泉　森林　街並　湖・沼

　琵琶湖の西岸を走る湖西線。休日の朝の湖西線は乗客の多くが京阪神のハイカー。まさに、比良山系のハイキングを楽しむためにある路線のようだ。
　堂満岳は比良山系の中央に琵琶湖に迫り出すように端正な円錐の山容を広げる、駅から歩いて登れる山の一つ。
　山中には森林、湖沼、眺望、峠、渓谷、岩場など、日帰りハイクの楽しみが凝縮されている。

稜線からの琵琶湖

コースガイド

堂満岳東稜へトライ！

　琵琶湖の西岸に、天を衝くようにそびえる比良山系。なかでも堂満岳は端正な円錐状の頂をすっくと天に伸ばしている。

　堂満岳に電車駅から登るには、**JR湖西線「比良」駅❶**で下車し、西へまっすぐに伸びる道を樹下神社に向けて歩いていく。樹下神社からは「イン谷口」を示す道標を確認し、緩い扇状地に伸びる車道を登っていく。バス道（県道322号線）の裏道であり、ちょっとわかりにくいかもしれない。

　道標を確認しつつ駅から1時間ほどで桜のコバという休憩地の西を通りすぎ、左手の登山道に入る。

　廃屋の横を通り谷沿いの道を登ると、桜のコバの西側から1時間足らずで、山間の窪地にある古池のほとりに着く。**ノタノホリ❷**という大きな池で、春先にはモリアオガエルの泡状の卵がよく見られる。

　ノタノホリから道標を確認して北西の尾根道を登っていく。堂満岳東稜と呼ばれる尾根の北斜面をトラバース気味に道は西に伸び、ノタノホリから1時間強で724mの小さな台地に着く。ひと休みしよう。

　小さな台地からは東稜の本領発揮と呼べるほどの急登で、登るのも下るのも大変だ。滑落するような岩場ではないが、段差は大きいので転倒に注意したい。

　724mの小台地から1時間強。登るほどに樹間に琵琶湖を見下ろせるようになると、**堂満岳山頂❸**だ。展望は抜群とはいえないが、灌木越しに琵琶湖が大きい。

金糞峠から正面谷へ

　堂満岳山頂から北へ約30分、**金糞峠❹**までは比良山系の主稜線。正面に釈迦岳が大きく、比良山系の主峰・武奈ヶ岳へと続

---

17 堂満岳・北比良峠

JR西日本―滋賀県

▲静けさに包まれたノタノホリ

▲初冬の山頂から琵琶湖を見下ろす

▲堂満岳の山頂

▲金糞峠の道標

▲岩が累々と重なる青ガレ

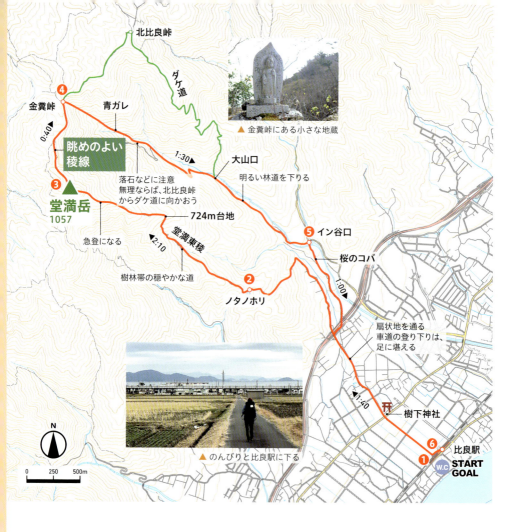

17 堂満岳・北比良峠

JR西日本―滋賀県

くたおやかな稜線も顔をのぞかせている。

金糞峠からは東に正面谷を下りてる（道は荒れ気味で、無理な場合は北比良峠からダケ道に向かう（地図の━━線）。谷の両岸からの落石などには注意したい。

30分ほど下れば青ガレという花崗岩が累々と重なる岩場。近くには金糞滝があり、その先で正面谷の左岸から右岸にわたり、北にダケ道と合流する。大山口の分岐で、このあたりからは、かつては林道だった穏やかな道となる。この正面谷コースは、かつて琵琶湖側から武奈ヶ岳に登るメインコースだった。ここ数年の落石跡もあるが、依然としてハイカーの往来は多い。

金糞滝などを見てたどり着いたイン谷口❺からは、土日・祝日は日に数本のバスもある。ただ、堂満岳に登った余韻に浸りながら、ＪＲ湖西線「比良」駅❻までゆっくり歩いても1時間ほどで着く。

▲ 正面谷を登るハイカー

▲ 紅葉のきれいなイン谷口

逆コース・アドバイス

- 正面谷コースは登りのほうが安全だが、堂満岳東稜の山頂から下りが厳しい
- 登山道に入るまでの車道歩きが少し長くなる

レスキューポイント表示

北比良峠からダケ道を下る

歩いて立ち寄る！おすすめスポット

北比良峠の草地に憩う

正面谷を下るのに不安がある場合、30分ほど遠回りになるが、主稜線を北比良峠まで歩き、北比良峠からダケ道を下る（地図の━━線）。

稜線の展望を楽しむなら、むしろこのコースがおすすめだ。

北比良峠は比良スキー場跡の一角で、のびやかな草原の憩いの場。周囲の山を眺めながらのんびりしたい。峠の東端から下るダケ道も、急坂だが明瞭で迷うことはない。北比良峠から大山口まで、下りで1時間ほどだ。

18 リトル比良・揚梅滝

比良山系随一の名瀑と巨岩の稜線歩き

リトルひら・ようばいのたき

標高 703m

上級

登山シーズン: 4 5 6 7 8 9 10 11 12

歩行時間 約7時間
歩行距離 約12.5km
標高差 約620m

問い合わせ先
びわ湖高島観光協会
0740-33-7101

▲ 鳥越峰から岳山、湖北を望む

JR湖西線「北小松」駅

往路（約80分）

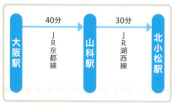

大阪駅 —40分 JR京都線→ 山科駅 —30分 JR湖西線→ 北小松駅

帰路（約85分）

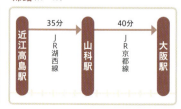

近江高島駅 —35分 JR湖西線→ 山科駅 —40分 JR京都線→ 大阪駅

京都駅乗換でもよい

コース・周辺の見どころ

眺望 草花・草原 滝・渓谷 神社・仏閣 温泉 森林 街並 湖・沼

湖西線北小松駅から北、近江高島駅にいたる琵琶湖の西岸に連なる比良山系北部の山々は、通称・リトル比良と呼ばれる。岩阿沙利山、岳山など標高500〜700mの山頂に個性的な巨岩が点在し、岩の上からは琵琶湖や湖北地方の里山風景が一望のもと。標高は低いものの、アップダウンがあり、登りごたえのある山が続く。登山口に近い揚梅滝は比良山系随一の名瀑だ。

揚梅滝（雄滝）

コースガイド

比良随一の名瀑を越えて

　比良山系は琵琶湖の西岸に標高1000m前後の山々が連なり、六甲山系や金剛・葛城山地とともに関西のハイカーのメッカともいうべき山だ。その北半分は標高600m前後と低いながらも個性的な巨岩がいくつもある山が続き、リトル比良と呼ばれハイカーに親しまれている。

　リトル比良の山々を縦走するには**JR湖西線「北小松」駅❶**で下車し、道標を確認しつつ、まず揚梅滝へと登っていく。トイレのある駐車スペースからは山道だ。渓谷に沿った遊歩道の通行止めは解除されたので、尾根コース・渓谷コースどちらでも登ることができる。

　30分も登れば、**揚梅滝❷**の雄滝の展望台。展望台からは雄滝が遠望でき、渓谷まで下りることもできる。滝壺まで往復する場合は、30分ほどは見ておきたい。

　展望台から尾根を登ること30分で涼峠に着く。涼峠からは寒風峠まで、オトシという山上盆地のなかの道を歩く。緩やかな渓流は、見ているだけでも心が和む。

　涼峠から1時間足らずで、比良山系の主稜線上にある寒風峠に着く。

　寒風峠からは小さいながらもアップダウンが続くことを覚悟しておきたい。最初の**滝山❸**への道は山頂直下を通る。ちなみに、滝山山頂は展望もきかない。

　滝山から先は枝道がいくつかあるので、道標に注意して歩いていこう。

　下りきったところが、車道（林道鵜川村井線）が通っている鵜川越。鵜川越から30分ほど、灌木の林を登りきったところがリトル比良の主峰・**岩阿沙利山山頂❹**だ。

　山頂の北西側にある仏岩に登れば、湖北の山々が広く望める。

18 リトル比良・揚梅滝

JR西日本―滋賀県

▲ 紅葉が美しい揚梅滝への道

▲ 揚梅滝の峡谷を見下ろす

▲ オトシ出合付近の渓流の道

▲ 寒風峠まで、倒木もあるので道迷いに注意

18 リトル比良・揚梅滝

JR西日本／滋賀県

オウム岩、岳山を越え近江高島へ

　岩阿沙利山から東に小さなアップダウンの多い道を歩くこと約1時間で、鳥越峰❺の分岐に到着する。鳥越峰の周辺にはオウム岩など比良山系北部・湖北地方の眺望がよい岩峰・巨石がいくつかあり、低山ハイクの格好のアクセントになっている。

　鳥越峰の山頂から分岐で右手に向かう道もあるが、岳山には左手にいったん急降下する。鳥越峰から40分ほどで着く岳山山頂❻には、小さな岩室のなかにかわいい地蔵がある。越えてきたたくさんの山々を思い起こしながら、のんびりしたい。

　あとは小さな岩場、岳観音堂の廃寺跡、白坂などを楽しみつつ下っていくと、近江高島の町外れ、大炊神社・長谷寺に着く。JR湖西線「近江高島」駅❼には車道を歩いて30分ほどだ。

逆コース・アドバイス

- JR湖西線「近江高島」駅から岳山までは、枝道もあり迷いやすい
- 時間と体力に応じて、揚梅滝に下らずに、ヤケ山や釈迦岳など南西に伸びる主稜線に足を伸ばすこともできる

▲ リトル比良の稜線を歩く

▲ 岳山直下の岩場

▲ 展望のよい白坂付近

水郷・近江高島の街並を散策

大溝城趾を歩く

　琵琶湖西岸の近江高島は琵琶湖北部の漁港として、また若狭と京都を結ぶ交通の要衝として栄えた町だ。

　下山口である大炊神社・長谷寺から近江高島駅への帰路、時間があればぜひ寄り道して立ち寄ってみよう。

　古い家並や町割水路、大溝城の堀跡、乙女ヶ池、大溝港をはじめとした湖の港町と岸壁を見てまわるのも楽しい。舟倉、運河、サイフォンのような井戸など、湖北地方に栄えた、歴史ある城下町と水風景を堪能できる。

19 標高 664m 中級

山岳信仰・甲賀忍者の修験の道をゆく
飯道山・紫香楽宮跡
はんどうさん・しがらきのみやあと

登山シーズン： 1 2 **3 4 5** 6 7 8 9 **10 11 12**

歩行時間 約4時間30分　歩行距離 約12km　標高差 約510m

問い合わせ先　甲賀市観光企画推進室　0748-65-0708

▲ 山頂からは琵琶湖側の展望がよい

往路（約90分）

大阪駅 →(60分 JR琵琶湖線)→ 草津駅 →(30分 JR草津線)→ 貴生川駅

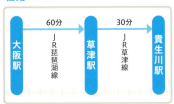

帰路（約110分）

紫香楽宮跡駅 →(15分 信楽高原鐵道)→ 貴生川駅 →(30分 JR草津線)→ 草津駅 →(60分 JR琵琶湖線)→ 大阪駅

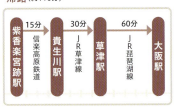

JR草津線「貴生川」駅

コース・周辺の見どころ

 眺望　 草花・草原　 滝・渓谷　 神社・仏閣　 温泉　 森林　 街並　 湖・沼

標高664mの飯道山は琵琶湖の南東に位置し、近隣の金勝（こんぜ）山・太神（たなかみ）山とともに、古来より山岳信仰の拠点であった。戦国期には甲賀忍者の修行の地だったといわれているが、一般ルートにけわしい道はなく、登山道はよく整備されている。寺社仏閣をたどり、森林浴を楽しみながら琵琶湖を見下ろす山頂に。そして西峰のある飯道神社から下山し、紫香楽宮跡を訪れる。

東ののぞき

コースガイド

　飯道山は琵琶湖の南東、甲賀市にある。古来より修験道を修める山岳信仰の山で、甲賀忍者の修練場であったともいわれている。その西峰には奈良時代に創建された飯道神社があり、聖武天皇が遷都を企図した紫香楽宮跡を見下ろす。

　JR草津線「貴生川」駅❶から、飯道山を眺めながら街なかを登山口まで歩く。随所にある標識が案内してくれるので、地図片手に行けば迷うことはない。途中、かつて山頂にあった飯道寺を通過する。

　登山口❷は、広域農道を渡る橋の手前で、案内パンフレットが用意されている。鉄製のゲートを抜ければ登山道だ。"苦行坂"と名づけられた急坂を登る。石仏まで約15分。やがて林道と合流し、しばらく行くと東屋のある飯道山休憩所❸だ。すぐ先に岩壺不動尊の標識。左手の石段を登ると、巨岩を従えた三体のお不動さんが鎮座する。

　やがて林道と分かれるとガレ場もある登山道らしい道となり、30分弱で杖の権現茶屋休憩所❹。ここまで登山開始から約2時間だ。一息入れよう。

　山頂までは約500m。途中、東方の展望が開け、貴生川駅から歩いてきた道を見渡すことができる。飯道山山頂❺は広々として、テーブルとベンチもある。近江富士と呼ばれる三上山を見下ろす先には琵琶湖と比良山系、伊吹山が見渡せる。

飯道神社から紫香楽宮跡へ

　山頂をあとにし、西峰のある飯道神社❻までは約30分だ。途中林道と合流し、「戒定院跡」の標示に出逢えばもう境内。再建された本殿は、築当初の華やかな姿が再現されていてとても美しい。背後には巨岩がそびえ、左手から登ることができる。そこ

▲ かつて山頂にあった飯道寺

▲ 苦行坂の先で石仏が出迎えてくれる

▲ 石段を登ったところに鎮座する岩壺不動尊

▲ 林道と分かれてガレ場を登る

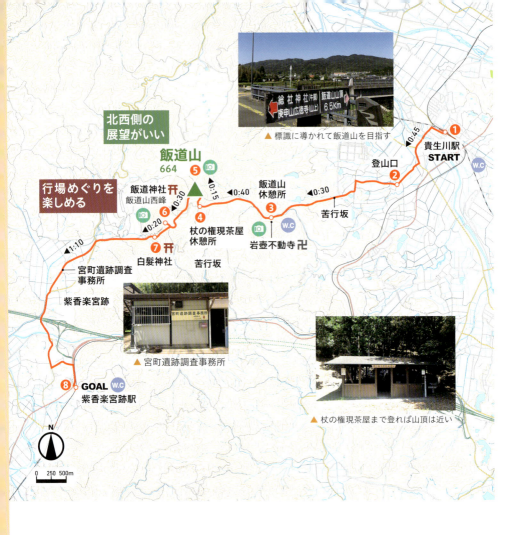

が飯道山西峰で「東ののぞき」といわれる好展望場所だ。ベンチもあり、のんびり風にあたりながら展望を楽しもう。

　体力・技術に自信があれば、行場めぐりをしてみてもいいだろう。その場合、本殿に続く参道途中を左に入る。天狗の岩、平等岩、蟻の塔渡り、胎内くぐりなどを経て、西峰の「東ののぞき」に至る。

　ここからは木の階段を下山する。麓の白髪神社❼までは1kmほどの距離だ。それからの舗装路歩きが長いが、途中まず、紫香楽宮跡の宮町遺跡調査事務所に立ち寄ってみよう。宮殿跡からの出土物が展示されている。舗装路歩きは続くが、飽きあきした頃、内裏野地区の紫香楽宮跡にたどり着く。僧坊や金堂の礎石を見ながら、のんびり散策するといい。信楽高原鉄道「紫香楽宮跡」駅❽まではあとひと踏ん張りだ。

逆コース・アドバイス
- 登山口となる白髪神社までの距離が長く、登山前に紫香楽宮跡を落ち着いて鑑賞する気持ちにはなりにくい
- 紫香楽宮跡と飯道神社が目的なら、逆コースから飯道神社のピストンが半日のベスト

19 飯道山・紫香楽宮跡

JR西日本 — 滋賀県

▲ 山頂からは三上山が目の前に

▲ 極彩色の飯道神社本殿

▲ 白髪神社をあとに紫香楽宮跡へ

紫香楽宮跡の宮殿跡、寺院跡を訪ねる

内裏野地区の寺院跡

　奈良時代、平城宮から恭仁宮、難波宮、そして紫香楽宮と次々と遷都を繰り返した聖武天皇。745年に有名な大仏建立の詔をこの地で出し、再び平城宮に都を戻す。帰路途上にある紫香楽宮跡を訪ね、遷都が繰り返された謎多い時代の遺構や出土物に触れてみよう。

　宮町遺跡調査事務所には宮殿跡からの出土物が展示されていて興味深い。内裏野地区は寺院跡で、木陰やベンチでのんびりしながら、発掘された僧坊や金堂の礎石を見ることができる。

20 繖山・観音正寺

絶景を楽しむ低山ハイク

きぬがさやま・かんのんしょうじ

標高 433m

中級

登山シーズン: 1 2 3 4 5 6 7 8 9 10 11 12

歩行時間 約5時間
歩行距離 約10km
標高差 約340m

問い合わせ先
東近江市観光協会
0748-29-3920

▲ 琵琶湖側から望む繖山

往路 (約70分)

大阪駅 — 70分 JR琵琶湖線 — 能登川駅

帰路 (約70分)

安土駅 — 70分 JR琵琶湖線 — 大阪駅

JR琵琶湖線「能登川」駅

コース・周辺の見どころ

 眺望　 草花・草原　 滝・渓谷　 神社・仏閣　 温泉　 森林　 街並　 湖・沼

湖東には地元に大切にされている独立峰が多いが、繖山もその一つ。JR能登川駅から繖山、箕作山までを縦走して近江鉄道八日市駅に至る約16kmの道は東近江トレイルとして整備されている。その一部をたどるコースで、アップダウンを繰り返しながら時折好展望が開ける。麓の安土城跡や田畑、湖水、街並みを通してのぞむ比叡、比良から伊吹山、鈴鹿の山々の眺望が素晴らしい。

琵琶湖を遠望

コースガイド

丸太階段の昇降を繰り返し、山頂へ

　繖山の山名は、山容が絹傘や蚕が絹「糸」をまき「散」らす様に由来するといわれる。JR琵琶湖線「能登川」駅❶で下車し、猪子山を正面に見ながら住宅街を南方に向かう。岩船神社の参道手前から登山道に入り、丸太の組木階段の急坂を登っていく。

　上山天満天神社に突きあたれば、右手に続く好展望の尾根道を行く。

　稜線に登りついたら左への道を往復する。10分ほどで三角点のある猪子山❷の山頂だ。さらに歩けば数分で善勝寺奥の院にある北向岩屋十一面観音。

　参拝をすませたら来た道を引き返す。少し進んだ地点が絶景スポットだ。麓の水田に囲まれた伊庭内湖の先に琵琶湖、対岸に連なる比良の山並みが美しい。

　稜線の道は丸太階段の登り下りが続くがとても歩きやすい。新しい丸太には交換した日付が記され、頻繁に手入れされている。いくつかのピークを越えれば、推古天皇時代の創設で、弘法大師が雨乞いをしたといういわれのある雨宮龍神社❸だ。

　ここからは急な下り坂となる。ササユリの自生地で、6月には美しく咲く花が目を和ませてくれるだろう。

　鈴鹿方面が眺望できる展望台をすぎれば地獄越❹だ。織田信長が観音寺城の戦いで繰り広げた地獄絵図にちなんだものといわれ、地獄菩薩が安置されている。

　ここから標高差約200mを登る。ちょっとした鎖場もあり、本格的な登山気分を味わうことができるだろう。鉄塔では伊吹山、霊仙山方面の展望が、山頂に近づき傾斜が緩やかになる頃に琵琶湖側の展望が大きく開ける一番の絶景ポイントがある。

　比叡山、信長の居城のあった安土山、比

20 繖山・観音正寺

JR西日本―滋賀県

▲ 猪子山を見ながら街なかを登山口へ

▲ 好展望の尾根道を登る

▲ 丸太階段の昇降を繰り返す

▲ 展望台から鈴鹿の山々を望む

良の山々から伊吹山までが見通せる。ここをすぎれば15分ほどで繖山山頂❺だ。

観音正寺と桑實寺を巡る

山頂を真っ直ぐ西側に下れば安土文芸の郷公園を経てゴール地点の安土駅まで1時間半程度（地図の ── 線をたどるコース）だが、少し引き返して稜線道に戻り、観音正寺、桑實寺を経由して下山しよう。たどってきたルートは東近江トレイルの一部だが、途中でルートを外れて折り返すようにすすむ。25分程度で観音正寺❻だ。

観音城址をすぎればすぐ桑實寺の境内となる。これまでとはうって変わって道は荒れ気味なので注意して下りたい。

観音城址から30分ほどで桑實寺❼だ。石段を下れば JR琵琶湖線「安土」駅❽手前まで一本道の舗装道路。振り返れば、たおやかな繖山の山容が見送ってくれる。

逆コース・アドバイス

・観音城址に登るまでは、300mを超えるきつい急登が続く
・桑實寺から観音城址を経て観音正寺までの道のルートファインディングは慎重に

▲ 巨岩の先に広く展望が開ける

▲ 観音正寺の山門の代わりの仁王像

▲ 季節の花々が美しい桑實寺

20 繖山・観音正寺

JR西日本 ― 滋賀県

観音正寺・桑實寺を訪ねる

観音正寺

繖山は別名観音寺山としても知られている。拝観料・入山料でそれぞれ500円・300円が必要となるが、両寺の境内に続くルートを通るのが本コースだ。

観音正寺は聖徳太子が人魚のために開基されたという人魚伝説で有名だ。「厄難除け」「縁結び」のご利益があるとされる西国三十三所第32番札所である。

桑實寺は天智天皇の勅願によって創建されたと伝えられ、梅や桜、つつじ・さつき、あじさい、紅葉と、季節ごとの花木を楽しむことができる。

21 三上山・妙光寺山磨崖仏

近江富士と呼ばれる湖東の独立峰をひとまわり

みかみやま・みょうこうじやままがいぶつ

標高 432m
中級

登山シーズン
1 2 **3 4 5 6** 7 8 9 **10 11** 12

歩行時間 約6時間30分
歩行距離 約10.5km
標高差 約340m

問い合わせ先
野洲市環境経済部
商工観光課
077-587-6008

▲ 田中山の尾根から望む三上山

往路（約60分）

大阪駅 — 60分 JR琵琶湖線 — 野洲駅

帰路（約60分）

野洲駅 — 60分 JR琵琶湖線 — 大阪駅

JR琵琶湖線「野洲」駅

コース・周辺の見どころ

 眺望　 草花・草原　 滝・渓谷　 神社・仏閣　 温泉　 森林　 街並　 湖・沼

湖東に広がる独立峰で、ひときわ目を引く山が別名・近江富士と呼ばれる三上山。霊峰として俵藤太（藤原秀郷）の大ムカデ退治伝説の舞台として知られ、万葉の頃より多くの歌人が詠ん だ、伝説に彩られた山だ。
すぐ北にある妙光寺山とあわせて登れば、野洲駅からも車道を延々と歩かずにハイキングを楽しめる。妙光寺山山麓の磨崖仏も、一見の価値がある。

近江富士ともいう

コースガイド

近江富士の頂へ！

　近江富士と呼ばれる三上山には四方から登山道が通じている。駅から歩いてハイキングする場合、JR琵琶湖線「野洲」駅❶に近い田中山からの北縦走路がおすすめだ。

　野洲駅から東に20分ほど、JR東海道新幹線の高架をくぐり抜けた先で用水沿いに歩いていくと、田中山のそばの旗振山へ登る登山口がある。まず旗振山に登ろう。

　標高差は200mほどだが、湖東の山は独立峰が多く、なかなかの急坂だ。登りきったところが旗振山山頂、山頂から南東に下って登ったところが田中山❷の山頂だ。

　いずれの山頂も、樹間から湖東の山々や集落が見下ろせて楽しい。

　北縦走路を南下し、三上山に向かう。ガレ場にはロープもあり、明瞭な道が続いている。ただし、枝道は多いので、道標を確認しつつ間違えないようにしたい。

　小さいながらも東光山などいくつかのピークや岩場のアップダウンを続けると、円錐状の三上山が少しずつ迫ってくる。

　歩き始めてから3時間ほどで三上山の鞍部（近江富士花緑公園からの登山道）との合流点に着き、30分ほどの急登を越えると三上山山頂❸に着く。

　山頂は広いので、思い思いの場所を選んで展望を楽しもう。樹間には西の眼下に湖東の街並から琵琶湖が広く見渡すことができ、独立峰の頂に立った感慨がある。

裏登山道から妙光寺山をまわる

　別ルートでのんびり歩いてまわって野洲駅に戻る場合、三上山山頂からまず裏登山道を下りる。

　急坂を30分ほどで三上山のお中道（山腹を一周する道）との分岐に出て、北・右手に戻るようにお中道を歩いていく。

　途中で御上神社に下る表登山道を横切り、三上山の鞍部に戻ったら、往路を経て東光寺山の分岐から左手、西へ妙光寺山をめざそう。分岐から30分ほどで妙光寺山❹の山頂だ。展望は利かないが、のんびりとできる。

　山頂から少し往路を戻り、鞍部から北に下りる道をたどれば、妙光寺山磨崖仏の分岐に着く。岩に深く刻まれた仏は湖東地域に多いようで、見学してきてもいいだろう。

　下りきったところは妙光寺山の登山口。そこからJR琵琶湖線「野洲」駅❺までは野洲の農村・住宅地を30分ほど歩く。

▲ 尾根には巨岩が多い

▲ 湖東の盆地を見下ろす

▲ 裏登山道を下りる

生駒・金剛・笠置
の山々

「駅から山歩き」のポイント
- 生駒山系と大阪東北部の山はいくつものハイキングコースがあり、分岐が多いので道迷いに気をつけよう
- 金剛・葛城山系は「駅から山歩き」できるコースが限られる。登山コースは多いので、往路か帰路にバスをうまく使うことも考えよう
- 笠置・京阪奈県境周辺の山も「駅から山歩き」できるコースは限られるが、寺社・古道・巨石めぐりと、あわせて楽しめる

ツツジ咲く大和葛城山からの金剛山

22

標高 642m

初級

大阪近郊で展望と寺社群のお手軽ハイク
生駒山・石切劔箭神社
いこまやま・いしきりつるぎやじんじゃ

登山シーズン
1 2 **3 4 5 6** 7 8 9 **10 11 12**

歩行時間 約4時間30分
歩行距離 約6.4km
標高差 約550m

問い合わせ先
生駒市観光協会
0743-74-3516

▲ 山麓から見上げる生駒山

近鉄奈良線「石切」駅

往路(約35分)

梅田駅 —10分→ なんば（難波）駅 OsakaMetro御堂筋線 —20分→ 生駒駅 近鉄奈良線

帰路(約40分)

石切駅 —25分→ なんば（難波）駅 近鉄奈良線 —10分→ 梅田駅 OsakaMetro御堂筋線

コース・周辺の見どころ

 眺望　 草花・草原　 滝・渓谷　 神社・仏閣　 温泉　 森林　 街並　 湖・沼

大阪・奈良県境を南北に連なる生駒山。山麓からは林立する鉄塔群が遠望でき、山頂一帯からは眼下に大阪・奈良市街の大パノラマが開ける。
山麓の寺社を結ぶハイキング道は寺社めぐりも楽しめる。東麓の宝山寺は、般若窟と呼ばれる大岩壁を背景にひときわ荘厳で、「石切さん」と呼ばれる西麓の石切劔箭神社の参道は、歩いているだけで楽しくなる。

宝山寺惣門

コースガイド

おごそかな「聖天さん」の参道

　大阪・奈良県境を南北に走る生駒山系。稜線にはドライブウェイ（信貴生駒スカイラン）が通じ、大きな山上遊園地もあり、一見すると、山歩きの対象とはなりにくい。

　だが、実は稜線上から四方に多くのハイキングコースがあり、四季を通じて手軽なハイキングが楽しめる。

　奈良から大阪へ、いくつもの寺社をめぐる道を歩いてみよう。

　近鉄奈良線「生駒」駅❶を下車したら、道標を確認しつつ熊鷹神社・宝山寺に向かう参道を歩いていこう。熊鷹神社の手前からは、ほとんど石段を登るようになる。

　生駒駅から1時間ほどで、近鉄生駒ケーブルのトンネルの上を越えると、立派な惣門の前に立つ。「生駒の聖天さん」として地元に親しまれた宝山寺❷だ。

　湛海律師が開いたとされる宝山寺は荘厳で美しく、本堂・開山堂の背後には、弥勒菩薩が立つ巨大な岩壁が寺院全体を圧するかのようにそばだつ。

　境内をひとまわりして、近鉄生駒ケーブルに沿った道を登っていく。急坂だが、時折石段もある明瞭な道。生駒山上から宝山寺への下りの参拝道ということもできる。

　宝山寺から1時間で、近鉄生駒ケーブル「生駒山上」駅に着く。

　文字どおり広い生駒山上の一角で、山上遊園地などの施設や遊歩道も多く、いつも行楽客で賑わっている。

　初めて登ったときは林立する山上のTVアンテナなど鉄塔の多さに驚くが、奈良盆地や大阪平野の眺望を求めて山上をのんびり散策するのも一興だ。

　せっかくだから、山上遊園地のSLレールのなかにある生駒山❸の山頂を見学して

22 生駒山・石切劔箭神社

近畿日本鉄道—奈良県・大阪府

▲ 宝山寺へ登る石段を歩く

▲ 宝山寺ではゆっくり境内を楽しみたい

▲ 地蔵が並ぶ静かな参道

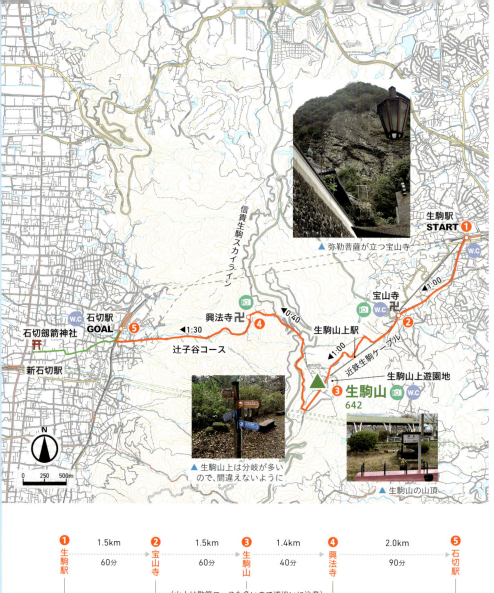

▲ 弥勒菩薩が立つ宝山寺

▲ 生駒山上は分岐が多いので、間違えないように

▲ 生駒山の山頂

くるのもいいだろう。

辻子谷コースを「石切さん」へ

　生駒山上をあとにして、西へ大阪方面に下っていこう。車道、山道、分岐、枝道がいくつもあるが、道標に注意しつつ辻子谷コースを下っていく。

　山頂周辺からの眺望はもちろん、樹間から見える東大阪の眺望も圧巻だ。

　生駒山上から1時間足らず歩くと、山中の車道に出て、興法寺❹、一成寺、清谷寺などをすぎると山麓の住宅地に出る。近鉄奈良線の高架が近づいて右手に曲がると、近鉄奈良線「石切」駅❺はすぐだ。

　石切駅からゆっくりと西へ10分ほど下っていけば、参拝者や行楽客で賑わう石切劔箭神社に着く（地図の━━線）。その場合は近鉄けいはんな線「新石切」駅が近い。

逆コース・アドバイス

・逆コースをたどったとしても、登り・下りの難易度は変わらない
・真冬は宝山寺の参道の石段が凍結し、滑りやすくなっていることもある
・生駒山上で夕方遅い時間になったら近鉄生駒ケーブルで下ってもいい

▲ 山頂周辺から望む大阪市街の大パノラマ

▲ 明瞭な辻子谷コースを下りていく

▲ 河内西国26番霊場の興法寺

22 生駒山・石切劔箭神社

近畿日本鉄道―奈良県・大阪府

石切劔箭神社までそぞろ歩き

境内や参道商店街を散策する

　下山口に近い石切神社を散策してみよう。地元では「石切さん」と呼ばれ、親しまれている。正確には石切劔箭神社といい、お百度参りや厄除けなどで関西でも有名な神社の一つだ。

　駅は近鉄けいはんな線「新石切」駅が近いが、石切参道商店街を通って近鉄奈良線「石切」駅に戻ってもいい。

　参道商店街の土産物屋、雑貨店、食堂茶店などがところ狭しと並び、のぼりを立てている。庶民派の商店街。お店を見てまわるだけでも楽しい。

23 笠置山・木津川渓谷

巨岩の織りなす行場と渓流散策

かさぎやま・きづがわけいこく

標高 288m

初級

登山シーズン: 1 2 **3** 4 5 6 7 8 9 10 **11** 12

歩行時間 約4時間30分
歩行距離 約10.5km
標高差 約240m

問い合わせ先
笠置町観光協会
0743-95-2011

▲ 眼下に見下ろす木津川の流れ

JR関西本線「大河原」駅

往路（約90分）

梅田駅 →15分（OsakaMetro御堂筋線）→ 天王寺駅 →75分（JR関西本線）→ 笠置駅

帰路（約100分）

大河原駅 →80分（JR関西本線）→ 天王寺駅 →15分（OsakaMetro御堂筋線）→ 梅田駅

大阪からはJR西日本の大和路快速も便利

コース・周辺の見どころ

眺望　草花・草原　滝・渓谷　神社・仏閣　温泉　森林　街並　湖・沼

京都・奈良の県境付近を東西に流れる木津川周辺は清流の里として知られ、関西のリバーカヌーの聖地としても有名だ。その玄関口にある笠置町は石の町として有名で、木津川南岸の笠置山は修験道場、信仰の山として知られる。山頂にある笠置寺の胎内めぐりは石の町・笠置の名のとおり奇石・怪石が続く。木津川渓谷に沿う道も人気のスポットだ。

布目川の清流

コースガイド

巨石のテーマパークへようこそ！

笠置山はJR関西本線「笠置」駅❶の東、下車してすぐのところにそびえる独立峰だ。

「巨石のテーマパーク」とも呼ばれている山。さっそく山頂部にある笠置寺の参道を駅前から登っていこう。

アーケードになった登山口から車道を上がると、すぐ右手に登山道が伸びている。道標を確認し、右手に登山道を登っていく。車道を登ってもよいが、登山道のほうがハイキングとしての楽しみもある。

樹間に笠置の門前町を見下ろしながら1時間足らず登っていくと、登山口から伸びている車道と合流する。さらに5分ほど登ると、笠置寺❷の山門だ。

ひとまず、笠置山山頂❸に登ってみよう。頂上は、後醍醐天皇行在所の跡地でもある。京の都を追われ、奈良も安住の地ではなかった後醍醐天皇は、この笠置山にやってきて、ここを安住の地として南朝の皇居としたといわれている。

笠置山はまさに、いにしえの風情が漂う歴史の山である。

せっかくだから、鎮守社に戻って胎内くぐりと呼ばれる行場めぐりを楽しんだり、展望の利くところでのんびりとひと休みしたりするのもおすすめだ。

眼下に木津川の流れを見下ろす景観は、一服の絵のようだ。

晩秋から初春の早朝には、川筋いっぱいに細長く雲海がたちこめるダイナミックな景観も見られる。

木津川・布目川の畔を歩く

車道からいったん笠置山を下り、笠置山の北麓にある笠置橋から木津川の左岸に沿って散策コースを歩いていく。

▲ 車道を通らず、山道を登っていく

▲ 笠置寺境内にある椿本護王宮

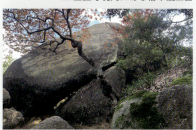
▲ 巨石のテーマパークを楽しむ

▲ 巨岩の奥にある千手窟の宮

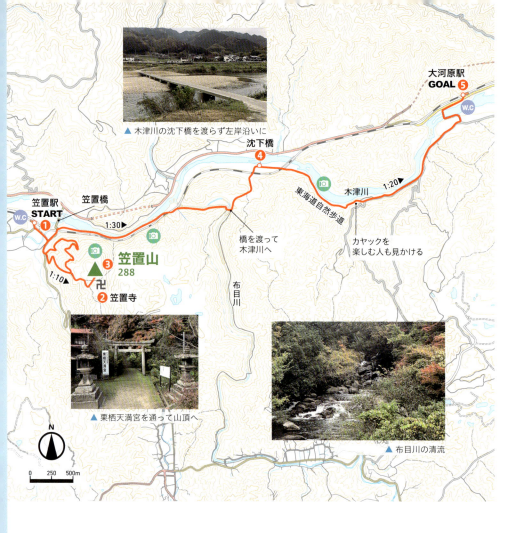

23 笠置山・木津川渓谷

JR西日本 — 京都府

　道はJR関西本線沿いに伸びている。木津川の渓流に沿って伸びる鉄路、ときおり見かけるカヌーでのリバーツーリングなどの風景は、のどかな風情がある。
　JR関西本線が鉄橋を渡る手前で、清冽な布目川に沿った道に入り、10分ほどで道標を確認して橋を渡り、ふたたび低い尾根を越えて木津川沿いに出る。
　東海自然歩道の一角で、道は明瞭。周囲は飛鳥路と呼ばれ、のんびりとした里山風景を楽しめる。
　木津川を渡る沈下橋❹が目を引くが、それを渡らずに、さらに木津川の左岸を上流に歩いていく。大河原の集落に出て、二つ目の沈下橋を渡ると、対岸にJR関西本線「大河原」駅❺がある。
　笠置橋から2時間ほどだ。春、早い時期には桜や菜の花が河川敷など一面に咲き乱れ、春のうららかな飛鳥路を満喫できる。

逆コース・アドバイス

- 木津川沿いの散策路を歩いたあとに笠置山に登るのは、低山とはいえキツイ
- 2024年末時点では休館中だが、「笠置いこいの館」が再開されれば、山歩きのあとの温泉を楽しめる

▲ 次々と現れる巨岩に圧倒される

▲ 笠置山山上の紅葉

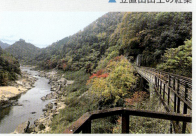
▲ JR関西本線の脇を通る

笠置山で行場めぐりを堪能する

巨岩をくぐる

　笠置山は「巨石のテーマパーク」と呼ばれるだけあって、特に山頂周辺に巨岩・奇岩がたくさんある。
　なかでも、古くは修行の道だった行場めぐりコースをたっぷり時間をかけてのんびり見てまわるのもよいだろう。
　笠置寺の本尊である弥勒大磨崖仏や虚空蔵の磨崖仏の彫られた岩、胎内くぐり、笠置岩、貝吹岩などがあり、笠置詣として地元はもちろん全国的にも有名だ。日本最大・最古といわれる線形磨崖仏をぜひ見ておきたい。

24 二上山・屯鶴峯
にじょうざん・どんづるぼう

大阪・奈良県境の歴史豊かな双耳峰

標高 517m・154m

中級

登山シーズン 1 2 3 4 5 6 7 8 9 10 11 12

歩行時間 約5時間
歩行距離 約11km
標高差 約440m

問い合わせ先
葛城市商工観光プロモーション課
☎ 0745-44-5111

▲ 美しいシルエットの二上山

近鉄南大阪線「二上山」駅

往路(約50分)
梅田駅 —15分→ 天王寺(大阪阿部野橋)駅 OsakaMetro御堂筋線 —35分→ 二上山駅 近鉄南大阪・吉野線

帰路(約60分)
当麻寺駅 —40分→ 天王寺(大阪阿部野橋)駅 近鉄南大阪・吉野線 —15分→ 梅田駅 OsakaMetro御堂筋線

コース・周辺の見どころ

眺望 / 草花・草原 / 滝・渓谷 / 神社・仏閣 / 温泉 / 森林 / 街並 / 湖・沼

奈良・大阪両府県から雄岳と雌岳、二つの頂が寄り添って並ぶ特徴的な山容を見せる二上山。奈良の市街からは、この美しい山容に陽が沈む姿が有名だ。

雄岳は、天武天皇が崩御してのち皇位継承の争いに巻き込まれて命を落とした大津皇子が眠る山として知られる。北の屯鶴峯、山麓の當麻寺とあわせ、そんな歴史に思いを馳せながらハイキングを楽しんでみたい。

當麻寺への道

コースガイド

屯鶴峯から二上山へ

奈良・大阪の県境にそびえる二上山は、端正な山容と和歌に詠まれる歴史などが親しまれ、四季を通じて多くのハイカーが訪れる。登山コースも四方から通じている。

近鉄南大阪線「二上山」駅❶で下車し、まず奇景で知られる屯鶴峯に向かおう。国道165線を北に歩き、穴虫交差点で左折する。二上山駅から1時間足らず歩くと、右手に屯鶴峯❷の入口がある。

屯鶴峯は一見、荒削りの砕石場のようにも見えるが、花崗岩が深く侵食され、岩の襞が尖塔や峡谷をなすようでもあり、独特の景観を見せている。

屯鶴峯の入口に戻り、車道を西へ穴虫峠を越えると、ダイヤモンドトレール（ダイトレ）の北入口。道標を確認し、南に明るい樹林帯の緩やかな道を登っていくと、屯鶴峯から2時間足らずで馬の背❸に着く。

馬の背は二上山の雄岳・雌岳という双耳峰の鞍部。馬の背というと岩肌が露出するガレ場を想像するが、樹林に囲まれた主稜線の峠の一つといったところだ。

まず雄岳に登ろう。馬の背から北に10分ほど急登すれば、雄岳山頂に着く。山頂からの展望はあまり利かないが、それでも二上山の最高峰である。

雌岳へはいったん馬の背まで下り、南に10分ほど急坂を登り返す。

雌岳❹の山頂は広く展望も抜群だ。石造りの大きな日時計やベンチ、展望台などもあり、多くのハイカーが休憩をとっている。

特に東の奈良盆地が一望のもと。ダイヤモンドトレールの先、大和葛城山が大きな牛のような山容で横たわっている。展望は大きく、のどかな里山風景が広がる。

▲ 岩襞が美しい屯鶴峯

▲ 馬の背近くのダイトレ

▲ 雄岳から雌岳への明瞭な道

▲ 日時計のある雌岳山頂

24 二上山・屯鶴峯　近畿日本鉄道―奈良県・大阪府

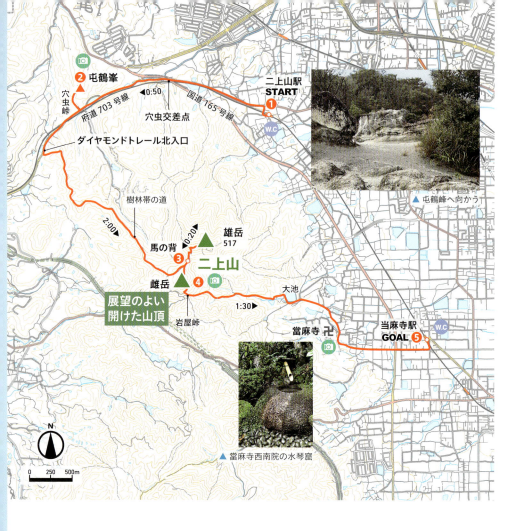

▲ 屯鶴峰へ向かう

▲ 當麻寺西南院の水琴窟

當麻曼荼羅に思いを馳せる

　展望のよい雌岳山頂をあとにし、南に急坂を下る。10分ほどで下りきったところが岩屋峠である。

　ここから南へ竹内峠、岩橋山、大和葛城山へとダイヤモンドトレールは伸びているが、東の谷筋の道を下っていこう。これまでの道ほど整備されてはいないが、道標も道も明瞭で迷うことはない。

　岩屋峠から下ると、すぐに山道は林道に出る。そのまま林道を下っていこう。

　やがて大池という貯水池を左に見て、街中に出たところが當麻寺の北分岐と呼ばれるところだ。広い當麻寺の境内の北隅であり、時間の余裕があれば、當麻寺を拝観してみることをおすすめする。

　當麻寺から30分ほどで**近鉄南大阪線「当麻寺」駅❺**に着く。

逆コース・アドバイス

- 逆コースでも特に問題はなく、どのハイキングコース道も明瞭だ
- 屯鶴峯をまわらないのであれば、ダイヤモンドトレール北入口から西へ30分ほど太子道（府道703号線）を下れば、近鉄南大阪線「上ノ太子」駅に出られる

▲ 大和葛城山方面を望む

▲ 眼下に広がる奈良盆地

▲ 岩屋峠からのしっとりした森の道

24 二上山・屯鶴峯

近畿日本鉄道 ― 奈良県・大阪府

白鳳美術の粋を極めた當麻寺を訪ねる

三重塔を眺める

　當麻寺は白鳳・天平様式の大伽藍が有名で、金堂の弥勒仏や四天王、梵鐘など白鳳美術の粋を極めた寺院だ。

　古代の三重塔が東西一対で現存する全国唯一の寺院としても、広く全国に知られている。

　開祖から約1400年の歴史があり、境内は広い。1400年の歴史の重みと白鳳美術の粋を存分に感じながら、ぜひゆっくり訪れてみたい。

　そこには、極楽浄土の教えが描かれた當麻曼荼羅の世界が広がっている。

25 交野三山・獅子窟寺

巨石も楽しい！　大阪近郊の裏山を探検

かたのさんざん・ししくつじ

標高 341m

初級

登山シーズン： 1 2 3 4 5 6 7 8 9 10 11 12

歩行時間 約5時間
歩行距離 約12km
標高差 約310m

問い合わせ先
交野市星のまち観光協会
https://katano-kanko.com

▲ 交野三山の尾根から京都方面を望む

JR学研都市線「津田」駅

往路（約40分）
大阪駅 →[JR大阪環状線 10分]→ 京橋駅 →[JR学研都市線（片町線）25分]→ 津田駅

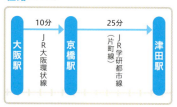

帰路（約40分）
河内磐船駅 →[JR学研都市線（片町線）25分]→ 京橋駅 →[JR大阪環状線 10分]→ 大阪梅田駅

コース・周辺の見どころ

眺望	草花・草原	滝・渓谷	神社・仏閣		温泉	森林	街並	湖・沼

竜王山と旗振山、交野山の通称・交野三山は大阪の郊外、交野市の南東に広がる丘陵地にある。標高は300mほどと低く、北の国見山とあわせて四つの山頂をハシゴするハイカーも多い。

花崗岩の山頂や尾根の随所には巨岩・奇岩が点在し、それらを眺めながら歩くのも楽しい。
山頂にある巨岩からの展望もよく、山麓にある獅子窟寺などの寺院めぐりも楽しめる。

竜王山の尾根の巨岩

コースガイド

点在する巨岩を楽しむ

　交野山を中心とする交野三山は、標高が200〜300メートル前後と低く、ハイキングコースもたくさんある。

　JR学研都市線「津田」駅❶を下車し、東に第二京阪道路を隔ててそびえる国見山に登っていこう。

　釣り人の多い国見池をすぎ、谷筋の道を離れて夫婦岩をめざす。夫婦岩からは尾根道で、山頂に近づくについて枚方周辺や淀川の眺めが大きくなる。

　津田駅から約1時間。たどり着いた国見山❷の山頂。展望は抜群だ。

　国見山から南に下っていこう。ハイキング道のほか、枝道、林道なども交差するので道標や地図を確認しながら歩いていく。

　白旗池という交野カントリークラブの西にある静かな貯水池の脇を抜け、車道から道標を確認して山道に入って20分ほどで交野三山の主峰・交野山山頂❸に着く。山名としては「こうのさん」と読み、主峰といっても標高は341メートルだ。

　山頂に観音岩という大きな岩があり、岩の上からは四方の眺めが抜群だ。

　特に西側は大きな淀川が大阪市街に流れていく様子も見える。その先には六甲山系の山塊が横たわり、まさに大パノラマが広がっている。

　山頂や尾根の巨岩では、登れるところを登ってみてもいいだろう。山麓から手軽に登れる山だけに、山頂直下の林道登山口に車を置き、初日の出やご来光を見にやってくる地元ハイカーも多い。

旗振山と竜王山では道迷いに注意

　交野山の山頂をあとにして、交野三山の残りの二山、旗振山❹と竜王山❺へ歩いて

▲ 仲よく並ぶ夫婦岩

▲ 交野山の明瞭な道を登っていく

▲ 白旗池の畔でひと休み

▲ 尾根上には次々に巨石が現れる

25 交野三山・獅子窟寺

JR西日本ー大阪府

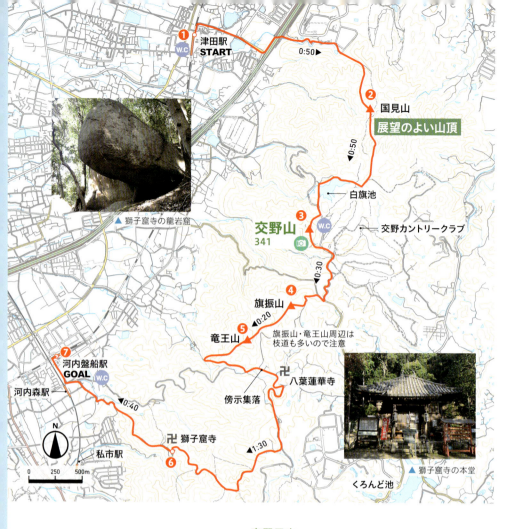

いこう。交野山と違って目立った頂ではなく、交差する枝道、林道も多いので、分岐ではしっかり地図や道標を確かめたい。

雑木林の向こうに交野市街を見下ろし、また、傍示集落など里山風景も楽しめる。傍示集落にある八葉蓮華寺を訪ねてみてもいいだろう。もちろん、点在する巨岩を確かめながら歩くのも、関西の里山ハイキングならではの楽しみである。

竜王山を最後に、「かいがけの道」というコースを分け1時間30分ほどで、**獅子窟寺❻**に着く。本堂の薬師如来坐像は国宝で、名前のとおり獅子窟の岩洞などがある。

時折、展望の開ける車道を下山する。**JR片町線「河内磐船」駅❼**までは、獅子窟寺から40分ほどで着く。なお、京阪電鉄交野線「私市」駅、同「河内森」駅に下りても、時間的には10分〜20分増減する程度だ。

逆コース・アドバイス
- 交野山が最後で竜王山、旗振山に先に登ることになり、最近、新しい道標がついているものの、分岐や枝道でわかりにくいところがある

25 交野三山・獅子窟寺
JR西日本―大阪府

▲ 広々とした展望の交野山山頂

▲ 眼下には大阪の大パノラマ

▲ くろんど園地の湿原散策路

初日の出を交野山の山頂で！

初日の出を拝もう！

交野山山頂への最短ルートは東側を走る道路脇の駐車スペースから歩いて20分ほどだ。山頂の観音岩は10人、20人は優に登れる大岩。そのため、地元では初日の出を観音岩で拝もうと、たくさんの人がやってくる。

また交野市は七夕伝説ゆかりの地で「星の町」をキャッチコピーにしている。交野山周辺に星空観測や大阪の夜景を見にくる人もたくさんいる。夜道をあるくことは危険かもしれないが、地元の低山では、こんな楽しみもある。

26 大和葛城山・葛城古道

山頂部が真っ赤に染まる！ツツジの名山

やまとかつらぎさん・かつらぎこどう

標高 959m

中級

登山シーズン: 1 2 **3 4 5** 6 7 8 9 **10 11** 12

歩行時間 約4時間
歩行距離 約8.5km
標高差 約860m

問い合わせ先
御所市観光協会
0745-62-3346

▲ 葛城古道付近から仰ぎ見る大和葛城山

往路（約100分）

梅田駅 →20分（OsakaMetro御堂筋線）→ 天王寺駅（大阪阿部野橋駅）→40分（近鉄南大阪線・御所線）→ 近鉄御所駅 →20分（奈良交通バス）→ 葛城登山口駅 →10分（葛城山ロープウェイ）→ 葛城山上駅

帰路（約70分）

近鉄御所駅 →40分（近鉄南大阪線・御所線）→ 天王寺駅（大阪阿部野橋駅）→20分（OsakaMetro御堂筋線）→ 大阪駅

葛城山ロープウェイ「葛城山上」駅

コース・周辺の見どころ

眺望 ・ 草花・草原 ・ 滝・渓谷 ・ 神社・仏閣 ・ 温泉 ・ 森林 ・ 街並 ・ 湖・沼

大阪・奈良・和歌山の県境に広がる巨大な金剛葛城山地。大和葛城山はその北部に位置する。
山頂部一帯は草原が広がり、春はツツジの名所として多くのハイカーが訪れる。さえぎるものがなく、大阪平野も奈良盆地も一望のもと。時間のゆるす限り広大な山岳展望を楽しみたい。
下りは近鉄御所・JR御所駅まで歩くことになるが、山麓には葛城古道が通る。

ツツジが一面に

26 大和葛城山・葛城古道

近畿日本鉄道・葛城山ロープウェイ―大阪府・奈良県

コースガイド

大パノラマと草原と

　奈良・大阪県境に巨大な牛のようにどっしりと横たわる大和葛城山。大阪側からはバスかマイカーを使わないと登山口まで行けないが、奈良県側の近鉄御所線「近鉄御所」駅（JR和歌山線「御所」駅）からは車道歩きが長くなるものの、歩いて山頂へハイキングすることができる。

　ここでは、山上までバスとロープウェイで上がり、下山を駅まで歩くコース。「駅までハイキング」ということになる。

　近鉄御所線「近鉄御所」駅で降り、まず、バスとロープウェイを乗り継いで、葛城山ロープウェイ葛城山上駅❶まで上がる。そのほうが広く、伸びやかな山上高原を時間をかけて手軽に満喫できる。

　葛城山ロープウェイ葛城山上駅から、20分ほどで大和葛城山山頂❷に着く。さえぎるもののない大展望。奈良盆地も大阪平野も見渡す限りの大パノラマだ。北に10分ほどだが、標高900mの尾根上の小さな山あたりまでは登っておきたい。笹原と灌木の稜線漫歩が楽しめる。

　山頂に戻ったら、次は南へと歩いてみよう。南も標高900mあたりまでは天空の散歩気分で歩ける。目の前に金剛山塊がどっしりと裾野を広げている。

　一帯は春にはツツジの大群落で、遠くから見ても山が真っ赤に染まっているかのようだ。ツツジが開花する時期にはロープウェイも混雑するが、必見であることに間違いはない。大パノラマを前に昼食をとれば、時間の経つのも忘れてしまう。

くじらの滝コースを下山

　山上の散策を心ゆくまで楽しんだら、下山する。電車駅までのんびり歩くなら、く

▲ 葛城山上をのんびり周遊する

▲ 日差しの明るい草原の道

▲ 山頂から南に金剛山を望む

▲ 大阪平野の展望も広い

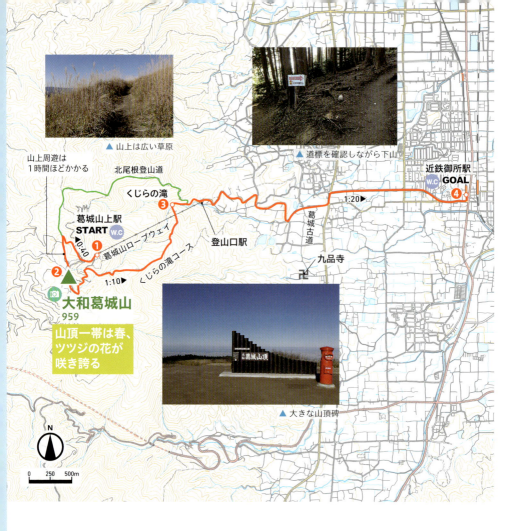
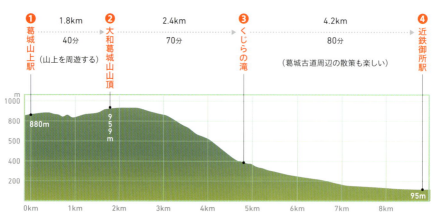

26 大和葛城山・葛城古道

近畿日本鉄道・葛城山ロープウェイ――大阪府・奈良県

じらの滝コースがよい。下山を始めてしばらく、左手にロープウェイ山上駅への道を分ける分岐あたりまでは森閑とした杉林のなかの明瞭な道を歩く。

その先はよく踏まれた道だが急坂だ。ところが、ここ数年の豪雨で、くじらの滝に近づくと、道は荒れてくる。一時期は通行止めだったが、荒れた部分は迂回路ができているので、その道をとる。

山頂から約1時間、沢の渡渉地点のすぐ上流に くじらの滝❸ が見える。落差は10メートルほどで大きくはない。沢を対岸に渡って九十九折りの登山道を下ること5分ほどで北尾根登山道に合流し、その先で葛城山ロープウェイ登山口駅に出る。

近鉄御所線「近鉄御所」駅❹ には、県道213号線をのんびり歩いて1時間足らずだ。葛城古道を横切り、ゆったりと広がる里山の風景を楽しもう。

逆コース・アドバイス

- 近鉄御所線「近鉄御所」駅から歩いて葛城山ロープウェイ登山口駅までは1時間強、そこから山頂まで2時間かかり、キツイ
- 駅から歩いて登るなら、北尾根登山道(地図の ―― 線)のほうが車道歩きが短い

▲ 森の道を下山する

▲ 崩れているところは迂回路を

▲ 小さいながらも端正なくじらの滝

葛城古道を散策する

彼岸花が広がる里山

大和葛城山の東麓を南北に通じる葛城古道には千体石仏のある古刹・九品寺をはじめ、六地蔵石仏、高丘宮跡の碑、葛城一註神社、全国の鴨神社の総社である高鴨神社など見どころも多い。時間があれば、ぜひ手近な史蹟などに寄り道してみたい。

古代豪族の葛城氏・鴨氏ゆかりの寺社が点在し、奈良盆地の東を走る「山辺の道」と相対するいにしえの道。

古道沿いには秋には彼岸花、春には菜の花が咲き乱れる。

27 金剛山・ダイヤモンドトレール

大阪・奈良・和歌山　県境のロングルートを歩く

こんごうさん

標高 1125m　上級

登山シーズン：1 2 3 4 5 6 7 8 9 10 11 12

歩行時間 約9時間30分　歩行距離 約18km　標高差 約930m

問い合わせ先
千早赤阪村観光協会
0721-72-1447

▲山頂周辺の森

南海電鉄高野線「紀見峠」駅

往路（約60分）
梅田駅 →10分（OsakaMetro御堂筋線）→ なんば駅 →40分（南海電鉄高野線）→ 紀見峠駅

帰路（約100分）
ロープウェイ前バス停 →30分（南海バス）→ 河内長野駅 →30分（南海高野線）→ なんば駅 →20分（OsakaMetro御堂筋線）→ 梅田駅

金剛山麓を走る金剛バスは2023年12月で廃止

コース・周辺の見どころ

眺望　草花・草原　滝・渓谷　神社・仏閣　温泉　森林　街並　湖・沼

　北の屯鶴峯と南の槇尾山を結ぶ金剛葛城山地の稜線上に伸びる全長約45kmの道は、ダイヤモンドトレールと呼ばれ、四季を通じて多くのハイカーが訪れる。その一部、大阪・和歌山県境の紀見峠から金剛山にいたる明瞭な尾根道を歩けば、金剛山の山深さ・大きさを実感できる。
　深い森のなか、次々に現れる峠を越えていくほどに気分は高揚する、爽快な尾根歩きだ。

延々と続く森の道

コースガイド

深く、長い森の道

　大阪・奈良・和歌山の3県にまたがる巨大な金剛山地。大阪府下で標高が1000mを超える山塊はここにしかなく、その最も長大な稜線を歩いてみよう。

　南海電鉄高野線「紀見峠」駅❶で下車し、道標を確認して紀見峠に登っていく。ダイヤモンドトレールという登山道で、道標も道も明瞭だ。ただ、金剛山山頂までは5時間ほどの長丁場となることに留意しておきたい。山慣れたハイカー向きの登りである。

　紀見峠から山の神❷を経て、北に尾根を登りきったところがブンタ谷への分岐。ブンタ谷道を左に見て、西ノ行者、十字峠の分岐を経て、ブンタ谷への分岐から約1時間、森の道を歩くと杉尾峠❸に着く。

　名のとおり杉の植林に囲まれた峠で、登山道はずっと林のなかに伸びている。展望はほとんどきかず、時折、樹間に周囲の山を見る程度だが、よく整備された道だ。

　杉尾峠から行者杉の分岐を越えて約1時間半で千早峠❹に着く。ここまでくれば、金剛山の山頂部にぐっと近づいてきた気分になるだろう。標高も500～600mレベルから800～1000mへと、関西の電車利用での日帰りハイキングとしては高く、ぐっと山懐深くなってくる。

　千早峠から久留野峠❺を経て約2時間で伏見峠❻に着く。金剛山頂部の一角で、紀見峠から歩いて4～5時間くらいの距離だ。

　この稜線は森のなか長い尾根歩きを堪能できるが、気象状況などで大変だと感じたら、主要な峠から下山道が伸びている。その道を下山することも想定しておきたい。

金剛山の山頂へ！

　伏見峠から時間的な余裕を確認して、金

27 金剛山・ダイヤモンドトレール

近畿日本鉄道・南海電鉄─大阪府・奈良県

▲ 紀見峠への古道

▲ 伏見峠まで登れば山頂は近い

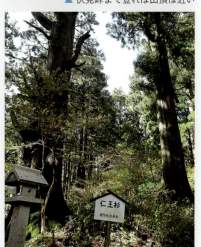
▲ 山頂には杉の古木が並ぶ

▲ 展望のよい山頂広場

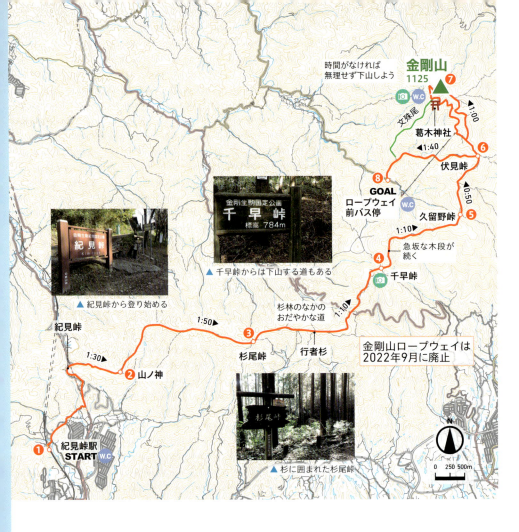

27 金剛山・ダイヤモンドトレール

近畿日本鉄道・南海電鉄 ― 大阪府・奈良県

剛山山頂❼まで足を伸ばしてみよう。

　山頂は広く、葛木神社などの社叢も豊かだ。山頂広場からの展望もよい。特に北西に大阪市街の展望が広い。野鳥も多く、茶店などもあり、のんびりできる。

　下山は山頂から明瞭だが急な文殊尾という尾根を下っても（地図の──線）、伏見峠に戻ってから車は通行止めになっている車道を下ってもよい。いずれも2022年9月に廃止になった金剛山ロープウェイのロープウェイ前バス停❽に下りる。

　バス停からは南海・近鉄「河内長野」駅にバスが出ている。

　駅まで歩いて下りる場合、山頂から南東に石寺跡道、天ヶ滝道を下り、JR和歌山線「北宇智」駅まで歩くことになり、山頂からは3時間ほどかかる。日の長い時期に、健脚者のみに限られるだろう。

▲ 山頂周辺の穏やかな道

▲ 葛木神社に参拝する

逆コース・アドバイス

- 緩やかな下りが長くなるので、逆コースのほうがラク
- 下山口のバス時刻を気にしなくてもよいが、歩いている途中で夕暮れになる場合は注意したい

涼しい森の道

金剛山山頂部をぐるっと周回する

山頂部の参道を歩く

　金剛山は大阪府の最高峰のようにいわれることが多いが、実は山頂部一帯は葛木神社であり、すっぽりと奈良県に含まれる。大阪からはもちろん奈良県からのハイカーも多く、山頂広場には百回登山、千回登山などを顕彰する札がたくさん並ぶ。

　その山頂部を一周すれば山頂広場、葛木神社などの寺社群、夫婦杉などの社叢、茶店、ちはや園地などの自然公園、また大日岳、涌出岳などの山頂をまわる。所要時間は1時間〜2時間だ。

28 高取山・壺阪寺

難攻不落の日本三大山城と寺院をめぐる

たかとりやま・つぼさかでら

標高 584m

中級

登山シーズン： 1 2 3 4 5 6 7 8 9 10 11 12

歩行時間 約5時間
歩行距離 約10.5km
標高差 約470m

問い合わせ先
高取町観光協会
0744-52-1150

▲ 高取山中にある壺阪寺

近鉄吉野線「壺阪山」駅

往路（約70分）

梅田駅 —15分→ 天王寺（大阪阿部野橋）駅 OsakaMetro御堂筋線 —50分→ 壺阪山駅 近鉄南大阪・吉野線

帰路（約70分）

壺阪山駅 —50分→ 天王寺（大阪阿部野橋）駅 近鉄南大阪・吉野線 —15分→ 梅田駅 OsakaMetro御堂筋線

コース・周辺の見どころ

眺望　草花・草原　滝・渓谷　神社・仏閣　温泉　森林　街並　湖・沼

岩村城、備中松山城、高取城といえば、日本三大山城として知られる。なかでも奈良・高取山山頂にある高取城は山麓から山頂までの標高差が390mと最比高を誇る。ぜひ登城気分を楽しみながらトライしてみよう。

山麓の近鉄壺阪山駅周辺は城下町。山懐に佇む壺阪寺は、浄瑠璃「壺坂霊験記」でも有名な山岳寺院。五百羅漢岩など周辺の史跡群も一見の価値がある。

紅葉の高取城

28 高取山・壺阪寺

近畿日本鉄道―奈良県

コースガイド

城下から登城気分で山頂へ

　近鉄吉野線「壺阪山」駅❶で下車し、宋泉寺、高取城址などを示す道標を確認し、駅前のメインストリートを歩く。

　そこは江戸時代の風情が残る土佐街道の一角だ。古い白壁・土蔵などが続く高取城の城下町を南東に歩いてゆく。

　壺阪山駅から30分強で谷あいの集落をすぎると、宋泉寺への分岐❷に着く。右手に宋泉寺に向かう道を分け左手に歩くと、自然に山道になっていく。

　ここまで高取城址を示す道標はいくつかあるので、間違えないようにしたい。

　山頂へ登る山道はそのまま谷筋を上がっていく道と、宋泉寺の境内から裏山の尾根を上がる道の2コースがある。どちらの道も明瞭だが、そのまま谷筋を登る道のほうが一般的なようだ。

　1時間足らず登ると猿岩と呼ばれる岩があり、尾根を越えて開けた林道のような道の先が高取城址・高取山山頂❸である。

　高取城址は高取山の山頂一帯に広がる山城で、日本三大山城の一つだ。ぜひ、時間をかけてあちらの石垣、こちらの堀跡などと散策してみたい。

　山頂は城壁に囲まれた本丸跡にある。広い山頂なので居ながらにして四方を見渡せるわけではないが、展望はよい。

　北に奈良盆地が広がり、東に宇陀の山々、南に吉野・大峰の山塊、西に金剛山地と、眺望の豊かな山頂の古城にやってきたことを実感するだろう。

山懐に潜む壺阪寺をめざす

　高取城址をあとにして、西に壺阪寺に向けて下山していこう。いったん細い車道に出て、西に伸びる尾根の南斜面の車道を

▲ 土佐街道の町並み

▲ 谷沿いの道を登っていく

▲ 高取城址を散策する

▲ 展望広場でのんびりと

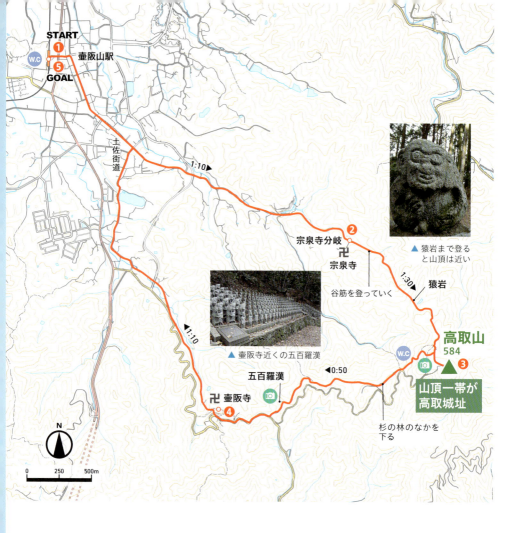
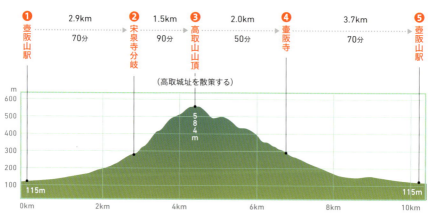

下ってもよいが、尾根上に伸びる山道を歩いてもよい。あたりは杉の植林に包まれ、森閑としている。

　山頂から30分ほどで五百羅漢像に着く。道の途中には岩に彫られた仏像なども点在し、厳かな雰囲気に包まれる。

　再び車道に出たところが壺阪峠あたり。ここからは車道で壺阪寺❹までいこう。

　人形浄瑠璃『壺坂霊験記』でも知られた名刹で、春は桜の名所、どの石像も大きく高取山の山体に抱かれるようにたたずむ。

　下山道は壺阪寺の入り口、バス停付近から北に下りている。大きな境内の入り口でもありちょっとわかりにくいが、注意してみると小さな道標がある。あとは谷筋の道を30分ほど下ると土佐街道に出る。街道筋の町家・武家屋敷などの家並みを眺めながら40分ほど下っていくと、近鉄吉野線「壺阪山」駅❺に着く。

▲ 登城気分も高まる

▲ 山中に抱かれた壺阪寺

逆コース・アドバイス

- 近鉄吉野線「壺阪山」駅から壺阪寺までは、「この道でいいのか」とちょっと迷うかもしれない
- 時間的、体力的な難易度は逆コースで歩いても大差はない

28 高取山・壺阪寺

近畿日本鉄道—奈良県

高取城址を散策してみよう

落ち葉に埋もれる城址

　日本三大山城とは、本丸の標高が最も高い岩村城（岐阜県恵那市）、山城として天守が唯一現存する備中松山城（岡山県高梁市）、そして、城下から天守までの比高が最も大きい高取城（奈良県高取町）のこと。特に高取城は大天守と小天守、27の櫓、33の門を持つ壮大なものだったとされる。今は桜や紅葉の名所としても知られている。

　高取城址とともに近鉄吉野線「壺阪山」駅周辺、土佐街道沿いの武家屋敷、町家の街並みものんびり歩いてみたい。

29 青根ヶ峰・吉野
あおねがみね・よしの

荘厳な寺社群から大峰奥駈道の"玄関口"へ

標高 858m

中級

登山シーズン
1 2 3 4 5 6 7 8 9 10 11 12

歩行時間 約6時間
歩行距離 約13.5km
標高差 約650m

問い合わせ先
吉野山観光協会
☎ 0746-32-1007

▲ 桜咲く頃の吉野山

近鉄吉野線「吉野」駅

往路（約100分）

梅田駅 —15分→ 天王寺（大阪阿部野橋）駅 OsakaMetro御堂筋線 —80分→ 吉野駅 近鉄南大阪・吉野線

帰路（約100分）

吉野駅 —80分→ 天王寺（大阪阿部野橋）駅 近鉄南大阪・吉野線 —15分→ 梅田駅 OsakaMetro御堂筋線

コース・周辺の見どころ

 眺望　 草花・草原　 滝・渓谷　 神社・仏閣　 温泉　 森林　 街並　 湖・沼

桜の名所として有名な奈良県吉野。青根ヶ峰は、その吉野の南にそびえる山であり、山岳霊場として知られる大峰山にいたる奥駈道の北の玄関口でもある。
山頂そのものはなんの変哲もないが、山頂からのんびりと吉野の山を下りてみよう。
金峯山寺蔵王堂をはじめ、役行者の修験地を訪ね歩くコースは、日本の山岳宗教を代表する景観を楽しめる。

蔵王堂を見上げる

コースガイド

喧騒の吉野から静寂の青根ヶ峰へ

　金峯山寺の蔵王堂、金峯神社一帯を吉野（の山々）という呼び方をする。その吉野山の金峯神社の奥に、ひっそりとそびえるのが青根ヶ峰だ。
　近鉄吉野線「吉野」駅❶からロープウェイに沿った道を吉野山に登っていこう。吉野下千本バス停から土産物屋、宿坊、旅館などが並ぶ車道を20分ほど登ると、金峯山寺蔵王堂❷に着く。吉野の信仰・観光のメッカともいえる場所だ。
　蔵王堂から車道に出たりハイキング道を通ったり、道標を確認しつつ登っていくと、途中には吉野の山々が一望できる花矢倉展望台❸、高城山❹などがある。そして約1時間半で金峯神社に着く。ただし、桜咲く季節の休日はかなり混雑する。
　金峯神社から、森閑とした森のなかに伸びる古道を登っていく。大峰山の稜線に伸びる修験の道・奥駈道の吉野側の入口でもある。金峯神社から15分も歩けば、青根ヶ峰の山頂部の一角だ。植林の伐採で展望が開けたところもあり、西側にある高野山にかけての標高600～800mほどの山並みがよく見える。北に目を向ければ、金剛・葛城山系がどっしりとかまえている。
　旧女人結界の標柱を左手に見て、ひと登りしたところが青根ヶ峰山頂❺だ。吉野、蔵王堂一帯の喧騒が嘘のように静まり返っている。展望は利かず、ただ周囲より少し高いだけの頂で、三角点と山頂を示す看板だけがある。いわば何もない山頂である。

展望を愛でながら下る

　下山は往路を下るが、その行程を楽しもう。高城山❻、展望台からの桜の大展望も蔵王堂周辺の雰囲気も、朝と昼下がりでは陽のあたりぐあいが変わり、ひと味違う趣がある。道標を確認して、蔵王堂の手前から東の谷筋に下りる道を歩くのもいい。車道が通じていて、山道もある。
　丹治川に沿ってしばらく下ると吉野温泉で、数軒の旅館が並んでいる。近鉄吉野線「吉野」駅❼は、吉野温泉から歩いて20分ほど下ったところだ。

▲ 金峯神社から青根ヶ峰へ

▲ 西に、高野山に続く尾根

▲ 静かな青根ヶ峰山頂

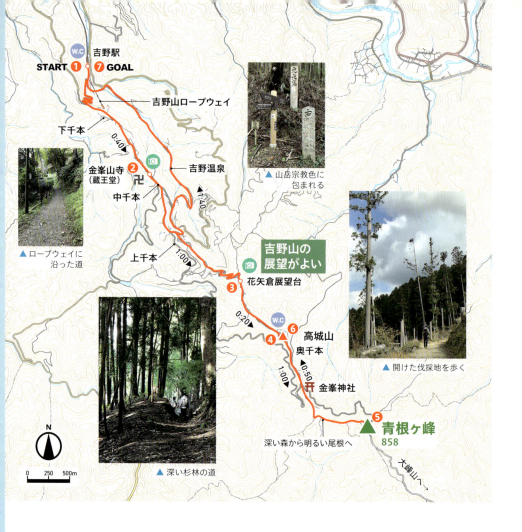

和歌山・紀泉高原の山々

「駅から山歩き」のポイント
- 和歌山県内で「駅から山歩き」できる山は少ない。地元以外の初心者は、まずよく歩かれている山・コースから選ぼう
- 紀泉高原で「駅から山歩き」できる山はいくつもあるが、標高が低いぶん、里の枝道・獣道も多い。道標をしっかりと確認したい

展望のよい紀泉高原の尾根

30
標高 800m
上級

母恋しと弘法大師がたどった古道
高野山町石道・慈尊院
こうやさんちょういしみち・じそんいん

登山シーズン: 1 2 **3 4 5** 6 7 8 9 **10 11 12**

歩行時間 約10時間30時
歩行距離 約20km
標高差 約750m

問い合わせ先
九度山町役場
産業振興課
☎ 0736-54-2019

▲ 矢立峠付近の町石道

南海電鉄高野線「九度山」駅

往路（約60分）
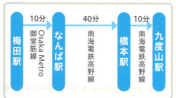
梅田駅 →10分 Osaka Metro 御堂筋線→ なんば駅 →40分 南海電鉄高野線→ 橋本駅 →10分 南海電鉄高野線→ 九度山駅

帰路（約80分）
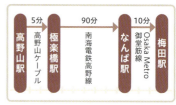
高野山駅 →5分 高野山ケーブル→ 極楽橋駅 →90分 南海電鉄高野線→ なんば駅 →10分 Osaka Metro 御堂筋線→ 梅田駅

コース・周辺の見どころ

 眺望　 草花・草原　 滝・渓谷　 神社・仏閣　 温泉　 森林　 街並　 湖・沼

高野山上と山麓を結ぶ道は黒河道、六尺道、高野街道などいくつもあるが、町石道は空海（弘法大師）が幼い頃、山麓の慈尊院で待つ母を慕って往復したとされる。町石という当時の石造りの石柱が沿道に180基並ぶ。深い森に包まれた道は、登れば聖域に近づき、下れば俗世に近づく。歩く距離は長いだけに、ハイカーは達成感とともに穏やかな気持ちに包まれるだろう。

木漏れ日の町石道

コースガイド

町石の番号を確かめながら登る

　南海電鉄高野線「九度山」駅❶を降り慈尊院・長石道の道標を確認しつつ西へ住宅街を20分ほど歩くと、慈尊院に着く。

　境内から長石道の起点石標の横の石段を登ったところが、丹生官省符神社。長石道は神社本殿に向かって右手から伸びている。

　道は広く整備もされていて、迷うところはない。長石に刻まれた番号を確かめながら登っていこう。

　竹林や杉林の道を抜け、開けた畑に出ると展望台❷。紀ノ川を見下ろし、和泉山系を見渡し、ひと休み。展望台からしばらく歩くと、舗装路から山道になる。

　町石道は稜線直下を巻き気味にたどるので、急峻な登り下りはなく、穏やかなしっとりとした道だ。ただし、高野山山上部までは距離が長いことを忘れずに歩いていこう。雨引山の分岐を過ぎ、いくつかの山頂を巻きつつ登ると六本杉❸に着く。峠からさらに40分ほどで、大きな鳥居が二つ並んだ二ツ鳥居❹に着く。

　道は二ツ鳥居の先で迂回路を分ける。集中豪雨で道が崩れたための迂回路だが、すでに直っているので、そのまま長石道を歩いていこう。二ツ鳥居から樹林の道を40分ほど歩くとゴルフコースや開けた集落が見え、神田地蔵堂❺に着く。トイレもあり、境内でひと休みできる。

　神田地蔵堂から少し荒れた雰囲気の休耕田をすぎた先が笠木峠❻。峠からは1時間ほど、再び樹林の道を、町石を確かめながら緩く登っては下りていく。車道に出たところが矢立❼。茶屋があり、すぐそばにトイレもあり、ここからは高野山上の神域に入っていくといく気持ちにもなる。ひと休みにもちょうどよい。

▲ 乳房絵馬がたくさん(慈尊院)

▲ 展望台付近から紀ノ川を望む

▲ 二ツ鳥居の横を通る

▲ トイレもある神田地蔵堂

30 高野山町石道・慈尊院

南海電鉄・高野山ケーブル — 和歌山県

矢立から大門は迂回路を歩く

　高野山上への長石道は、矢立で3分の2ほど。残り3分の1も稜線をトラバース気味に縫う道を歩くが、近年の集中豪雨で沿道の国道480号線で崩れているところがいくつかあり、迂回路で思わぬ時間がとられることもある。

　そのため、矢立から近畿自然歩道を南海電鉄高野線「紀伊細川」駅に降りてもいい（地図の ── 線）。矢立から国道370号線に降りず北東に伸びる細い車道を降りると、1時間強で紀伊細川駅に着く。

　長石道を歩く場合は、南東に、長石道の標識に沿って登っていく。途中、鏡石を通り、矢立峠から3時間半ほどで大門❽に着く（迂回路の状況によって所要時間は異なる）。大門からはバスで、ケーブルカーの高野山駅に出る。

▲ 杉に囲まれた穏やかな道

▲ 矢立茶屋でひと休み

逆コース・アドバイス

- ケーブルカーの「高野山駅」からバス専用道路をバスで大門に着き、下る。登りより楽だが、迂回路で思わぬ時間がとられることもある

町石を確かめる

30 高野山町石道・慈尊院

南海電鉄・高野山ケーブル―和歌山県

慈尊院と九度山町の街並を散策

慈尊院の多宝塔

　慈尊院は弘法大師、空海の母、玉依御前の縁で女性に親しまれた寺院で、和歌山の女人高野として知られる。乳房型絵馬の奉納も有名で、「子宝・安産・授乳・乳癌平癒」などを祈願する習わしがある。また、本堂（弥勒堂）は鎌倉時代後期のもの。国の重要文化財であり世界遺産でもある。

　大門から下る場合は、慈尊院を拝観したあと、南海電鉄高野線「九度山」駅まで、真田三代の歴史を感じながら街並を見てまわるのも楽しい。

31

標高 738m

中級

紀泉高原東端に広がる優美な山容

三石山・杉村公園

みついしやま・すぎむらこうえん

登山シーズン
1 2 3 4 5 6 7 8 9 10 11 12

歩行時間 約4時間30分

歩行距離 約8km

標高差 約580m

問い合わせ先
橋本市経済推進部
0736-33-6106

▲ 南東麓から仰ぎ見る三石山方面

南海電鉄高野線「御幸辻」駅

往路（約60分）

梅田駅 —10分（OsakaMetro御堂筋線）→ なんば駅 —45分（南海電鉄高野線）→ 紀見峠駅

帰路（約65分）

御幸辻駅 —55分（南海電鉄高野線）→ なんば駅 —10分（OsakaMetro御堂筋線）→ 梅田駅

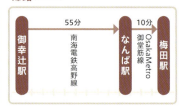

コース・周辺の見どころ

 眺望　 草花・草原　 滝・渓谷　 神社・仏閣　 温泉　 森林　 街並　 湖・沼

和歌山・大阪の県境に広がる紀泉高原にあって、三石山は紀見峠の近く、主稜線から派生した尾根に優雅にそびえる。
岩湧山など周辺の人気の山からは離れ、静かな日帰りハイクをのんびりと楽しめる。尾根も山頂も展望は利かないが、深い森のハイキングを堪能しよう。
山麓にある杉村公園には、丸尾橋という大きな吊橋があり、スリリングな行楽スポットだ。

静かな三石山山頂

コースガイド

明るい林道から静かな山頂へ

　三石山は、大阪・和歌山県境に広がる紀泉高原にあってハイカーに人気がある岩湧山の陰に隠れるようにひっそりとたたずむ山。静かなハイキングを好むハイカーにはうってつけの山として知られる。

　南海電鉄高野線「紀見峠」駅❶で下車し、道標を確認して高山尾根に伸びる高山林道を登っていく。この歩きはじめのところで、つい越ヶ滝、岩湧山方面に進んでしまうハイカーもいる。そうなると三石山のコースに戻るには、ずいぶん遠回りになってしまうので注意しよう。

　冷谷という沢に沿った林道は、谷を離れて九十九折りとなる。尾根上に出てからは樹林帯ながらも明るく、時折、周囲の山や山麓の集落を見下ろせるところがある。車通りは少ないので、のんびり歩いていこう。

　紀見峠駅から1時間半ほど歩くと、横尾辻❷の分岐に着く。左手に行くと、三石山山頂を通らずに杉村公園に出る道で、少しわかりづらいが、横尾辻のすぐ先で右手に三石山山頂へ直登するコースがある。

　ただし、直登する道は急登であり、少し荒れている。そのため、横尾辻で右に岩湧山方面に進み、林道から山頂に向かうハイカーも多いようだ（地図――線）。

　時間的には林道で山頂に向かうほうが10分ほど余分にかかる。

　横尾辻の先から右手、少しわかりにくい直登コースを登り、30分ほどで三石山山頂❸に着く。杉林に囲まれてまったく展望は利かないが、のんびりできる山頂だ。草木が生い茂っているわけではなく、落ち着いた雰囲気に包まれている。

　鳥のさえずりにハッとする……そんな静寂に包まれた頂である。

▲ 明るい高山林道

▲ 木漏れ陽を浴びながら登っていく

▲ 横尾辻の分岐を確認して歩いていく

▲ 右手奥の山道が直登コース

31 三石山・杉村公園

南海電鉄―和歌山県

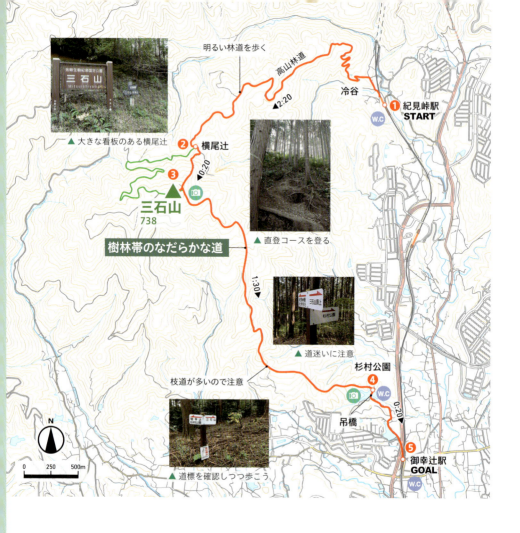

杉村公園の大吊橋へ

　三石山山頂から杉村公園を抜けて南海電鉄高野線「御幸辻」駅に向けて下山する。登ってきた直登コースを少し下ると杉村公園への案内板がある。

　展望がきくところは少ないが、標高450mあたりまでは、西に三石山が裾野を優美に広げて見えるところもある。

　南下する尾根道が緩く東に向きを変え、かなり平坦になってくると、杉村公園が近い。平坦な道に交差する枝道・獣道には、特に霧が濃い時などつい入り込んでしまうこともあるので注意しよう。

　杉村公園❹内に入ると、丸尾池を渡る赤い大きな吊橋に出る。丸尾池との比高はかなりあり、スリル満点だ。

　吊橋から先も公園内を散策しながら、歩いていこう。公園を出て数分のところに**南海電鉄高野線「御幸辻」駅❺**がある。

▲ 広い三石山の山頂

逆コース・アドバイス
- 南海電鉄高野線「御幸辻」駅から三石山山頂までは登りの距離が長く、迷いやすい
- 山頂直下の道は急降下となるので、尾根を回り込む林道を下りたほうがよい

▲ 杉村公園内の吊橋を渡る

広大な杉村公園を散策する

歴史のある松林荘

　杉村公園は和歌山県橋本市内で約12万5000㎡と最大の面積を誇る自然公園。四季折々の木々や草花が楽しめる。春と秋、桜と紅葉の時期がおすすめだ。芝生広場のほか遊歩道もいくつかあるので、寄り道をしながら散策してまわっても楽しい。

　公園内には地元の歴史資料などを保管展示する郷土資料館のほか、地元実業家の実家で現在は研修学習施設として利用される松林荘（2024年末時点で休止中）という古民家もある。

31 三石山・杉村公園　南海電鉄—和歌山県

32

標高 490m

上級

紀泉高原の里山・奥山を堪能する山歩き
雲山峰・熊野古道
うんざんぽう・くまのこどう

登山シーズン 1 2 3 4 5 6 7 8 9 10 11 12

歩行時間 約6時間30分
歩行距離 約15km
標高差 約410m

問い合わせ先
阪南市観光協会
072-447-5547

▲ 稜線の第1パノラマ展望台から、大阪湾を望む

JR阪和線「山中渓」駅

往路(約70分)

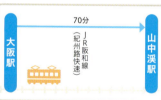

大阪駅 ──70分── 山中渓駅
JR阪和線(紀州路快速)

帰路(約70分)

山中渓駅 ──70分── 大阪駅
JR阪和線(紀州路快速)

コース・周辺の見どころ

眺望	草花・草原	滝・渓谷	神社・仏閣	温泉	森林	街並	湖・沼

　和歌山・大阪の県境に広がる紀泉高原のうち、JR阪和線が県境を抜ける西側には標高400m前後の山々が連なる。雲山峰はその紀泉高原の西部のなかで、奥深さを感じられる山としてハイカーに人気がある。
　山頂から伸びる尾根を歩けば、北に大阪湾、南に紀ノ川・和歌山市街の遠望が利く。JR阪和線に沿った旧道は大阪から熊野へ通じる熊野古道の一角だ。

地蔵山の尾根に憩う

32 雲山峰・熊野古道

JR西日本—和歌山県

コースガイド

アップダウンを繰り返して山頂に

紀泉高原の雲山峰に登るには、**JR阪和線「山中渓」駅❶**が便利だ。下車して道標を確認し、すぐ駅の裏手（西側）に伸びるハイキング道にアプローチする。樹林帯の明瞭な道を登ること約1時間で、第1パノラマ展望台を往復して**四ノ谷山❷**に着く。山頂周辺は地元のキノコ栽培地のため立入り禁止としてロープが張られている。

四ノ谷山からは標高差のほとんどない尾根を西へ歩いていく。小さなアップダウンがたくさんあるので、意外と疲れる。

ここはあくせくせず、のんびりと行こう。小さな岩場、展望が開けるところがいくつかあり、眼下に阪南市の市街や大阪湾、関西国際空港、その向こうに六甲山系などを見渡すこともできる。

四ノ谷山から約1時間、鳥取池からの道を右に見て、その分岐から20分ほど歩いたところが**雲山峰山頂❸**だ。展望は広く、のんびりできるところだ。

北西には井関川・鳥取池を隔てて俎石山、大福山の尾根が大きい。北は大阪湾を隔て、六甲・北摂の山々が遠望できる。行き交う大型船を見ていると、海に近い山を歩いていることを実感できる。

下山は、難路にトライ!?

山中渓駅から雲山峰に登ってきた場合、下山は、紀伊駅道と呼ばれるコースをJR阪和線「紀伊」駅に下りる（地図──線）か、四ツ池道と呼ばれるコースをJR阪和線「六十谷」駅に下りるのが一般的である。

ただ、山慣れしたハイカーなら、稜線付近は林道としては荒れている地蔵林道を下り、滝畑の集落から熊野古道を歩き、山中渓駅に戻ってもおもしろい。

▲ 明るい尾根歩きを楽しむ

▲ 雲山峰の山頂

▲ 地蔵山付近から和歌山市街を望む

▲ 灌木の尾根道をゆく

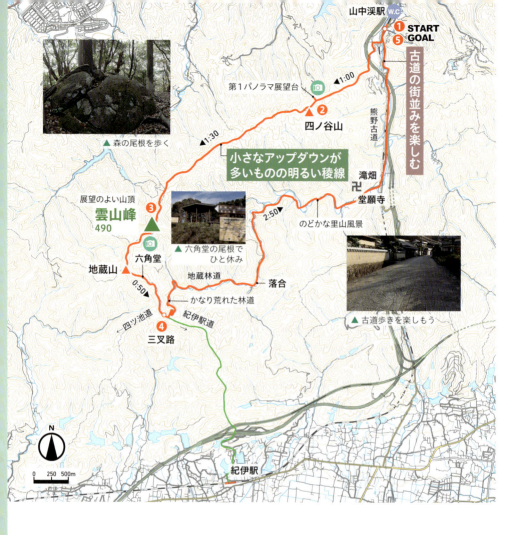

32 雲山峰・熊野古道

JR西日本―和歌山県

　雲山峰から南西に展望のよい尾根を歩く。地蔵山、六角堂を経て**三叉路❹**と呼ばれる分岐までは雲山峰から50分ほど。その分岐から少し歩き、道標を確認して分岐を左手、東に落合林道を下りていく。三叉路の分岐に近いところは少しやぶっぽく、道は荒れ気味なので注意したい。

　分岐から30分で、落合の廃集落に着く。このあたりからの林道は舗装されているものの、クルマの往来はほとんどない。

　下るほどに滝畑川に沿う林道もよくなっていく。山あいの里山風景を楽しみながら下っていこう。紀泉高原に限ったことではないが、猪も多いようなので用心したい。

　滝畑集落に出れば、府道64号線（紀州街道）に沿う細い道を北に**JR阪和線「山中渓」駅❺**までは30分ほどだ。熊野古道・紀伊路の一部で、標石や古道沿いの街並みなどを眺めながら歩くのも楽しい。

▲ 展望のよい六角堂付近

▲ 落合の集落を歩いていく

▲ 滝畑周辺の里山風景

逆コース・アドバイス

- 滝畑集落から地蔵林道を上がるのは、ハイカーも少なく一般的ではない（危ないわけではないが……）ため道迷いの心配があり、おすすめしない

熊野古道・紀伊路を歩く

紀伊街道沿いを歩く

　滝畑から山中渓までは、熊野古道・紀伊路の一部だ。紀州街道沿いでもあり、江戸時代の宿場や建物、旧庄屋屋敷などが保存されている。「歴史の道」として、熊野古道・紀州街道の石灯籠が設置され、タイムスリップしたような気分にもなる。ゆっくり見て歩くと、時間がすぐに経ってしまう。

　なお、大阪・和歌山県境のあたりには、桜地蔵、江戸時代の「日本最後の仇討ち場」の石碑、中山王子跡などもあるので、訪ねてみてもよい。

135

33 泉南飯盛山・孝子峠

大阪湾を望む大展望の低山ハイク

せんなんいいもりやま・きょうしとうげ

標高 385m
中級

登山シーズン
1 2 3 4 5 6 7 8 9 10 11 12

歩行時間 約5時間
歩行距離 約9km
標高差 約350m

問い合わせ先
岬町観光協会
072-447-4354

▲ 大曲山の尾根から望む泉南飯盛山

南海電鉄本線「みさき公園」駅

往路（約60分）

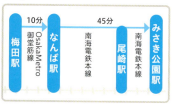

梅田駅 —10分→ なんば駅（OsakaMetro御堂筋線）—45分→ 尾崎駅（南海電鉄本線）—みさき公園駅（南海電鉄本線）

帰路（約70分）

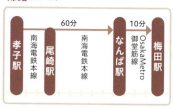

孝子駅 —60分→ 尾崎駅（南海電鉄本線）—なんば駅（南海電鉄本線）—10分→ 梅田駅（OsakaMetro御堂筋線）

コース・周辺の見どころ

 眺望　 草花・草原　 滝・渓谷　 神社・仏閣　 温泉　 森林　 街並　湖・沼

紀泉高原西端の飯盛山。同じ山名は全国にあるので、泉南飯盛山と呼ぶことが多い。標高400m足らずで丘のような山だが、展望は抜群。大阪湾から西に淡路島、北に六甲山系まで、"海に近い山"を実感できる。

山麓の孝子峠は南海本線が走り、大阪・和歌山を結ぶ孝子越街道の要衝地。周辺には役行者の母墓や孝子観音がある高仙寺もあるので訪ねてみよう。

泉南飯盛山の山頂

コースガイド

大阪湾の大パノラマを望む

　大阪・和歌山の県境に広がる紀泉高原の西端に位置する泉南飯盛山。飯盛山という山は全国にあるので、「泉南」の文字をつけることが多い。駅から登るには南海本線「みさき公園」駅❶の東出口から南東に、道標を確認しつつ進む。国道26号線をくぐり、まず提灯講山に向けて歩いていく。

　提灯講山❷は標高198mと低く、おおむねなだらかな登り道だ。

　提灯講山からも、なだらかな尾根の道。途中、展望のきく小さな岩場がいくつかあり、大阪湾や淡路島などを望むことができる。南に泉南飯盛山の山容が、標高385mの低山にもかかわらずどっしりとかまえている。

　提灯講山から大曲山の山頂に立ち寄ったりしながら、シダ類の多い樹林帯の道を1時間半ほど歩く。急登を越えると、泉南飯盛山山頂❸に着く。

　北を望める立派な展望デッキがあり、大阪湾が一望のもと。関西国際空港が大きく、六甲山系の山並みも見える。目立って大きくそびえる山はないが、海が間近に広がる眺望が大阪南部の低山ハイクの魅力だ。

高野山の城址から孝子峠へ

　泉南飯盛山の山頂でのんびりしたら、下山しよう。南に20分足らず歩くと、孝子札立分岐❹に着く。左手、谷筋に下りる道を行けば、信浄院という寺院を経て淡輪方面の飯盛山登山口バス停へ。札立山に向かう細い尾根道も伸びている。

　道標を確認し、分岐からまっすぐ南に尾根の道を歩く。少し下りた鞍部から、道は西へ方角を変える。そこからは樹間に送電線を左手に見ながら西へ、高野山に向かう。

33 泉南飯盛山・孝子峠　南海電鉄—大阪府

▲ 道標を確認しつつ住宅地を歩く

▲ 展望のきかない堤灯講山の山頂

▲ シダ類の多い道を歩く

▲ 稜線から望む泉南飯盛山

33 泉南飯盛山・孝子峠

南海電鉄―大阪府

　時折、樹間に和歌山側、紀ノ川の河口付近も見渡せる。小さなアップダウンはあるものの、明瞭でおだやかな道だ。
　途中、枝道がいくつかあるので、間違えないようにしたい。
　大きな反射板の下を通りすぎ、南に向けて小山を登ったところが高野山❺。展望はきかない。古くは山城があったところで、山頂にはそのことを示す小さな看板がある。
　高野山山頂からは急降下となる。20分ほど下ると、高仙寺の境内に着く。
　境内からは孝子集落のひっそりとした里山風景を眺める。日本家屋の屋根が並ぶ里山のひとコマである。4時間程度と短いハイキングコースだが、ほっこりと気持ちの和む里山の風景だ。
　高仙寺の石段を転倒に注意しつつ下りたら、国道26号線や府道752号線（孝子越街道）を通らず、その裏道を歩いても風情がある。高仙寺の入口から南海電鉄本線「孝子」駅❻までは15分ほどだ。

逆コース・アドバイス
・時間的にも、体力的にも大差はないが、孝子峠側から歩く人は比較的少ない

▲ 泉南飯盛山山頂からの展望は抜群

▲ 孝子札立分岐。道標を確認して歩く

▲ 高野山から高仙寺へと下る

「山岳信仰の母」が眠る高仙寺

急な石段の先にある本堂

　現在の孝子峠は国道26号線が走り、大阪と和歌山を結ぶ幹線道路として交通量も多いが、かつては孝子越街道の要衝だった。
　孝子集落の高仙寺には、山岳信仰や修験道の開祖とされる役小角の母の墓と伝えられる石積みが残されている。いかにも古刹の趣が漂う寺院だが、日本の山岳宗教の源流がここにあると捉えれば、感慨も湧いてくる。
　南海電鉄本線「孝子」駅の近くには、「岬の歴史館」という学習施設もある。

34

標高 420m

中級

大阪から和歌山へ、紀泉アルプスと古刹をゆく
俎石山・鳴滝不動尊

まないたいしやま・なるたきふどうそん

登山シーズン： 1 2 3 **4 5** 6 7 8 9 10 **11 12**

歩行時間 約6時間
歩行距離 約15km
標高差 約420m

問い合わせ先
阪南市観光協会
072-447-5547

▲ のんびりできる俎石山山頂

南海電鉄本線「箱作」駅

往路（約75分）

梅田駅 —10分（OsakaMetro御堂筋線）→ なんば駅 —65分（南海電鉄本線）→ 尾崎駅 —（南海電鉄本線）→ 箱作駅

帰路（約80分）

六十谷駅 —80分（JR阪和線 紀州路快速）→ 大阪駅

コース・周辺の見どころ

 眺望　 草花・草原　 滝・渓谷　 神社・仏閣　 温泉　 森林　 街並　 湖・沼

大阪府から和歌山県へ、和歌山県から大阪府へ、府県をまたいでダイナミックに歩けるのが俎石山・札立山の尾根歩き。地元のハイカーに親しまれているコースで、尾根上には大福山など小さな頂がいくつかあり、四方の好展望を楽しめる。

札立山の南麓にある鳴滝不動尊は、地元では「鳴滝のお不動さん」として親しまれ、護摩堂、地蔵尊など見どころも多い。

北展望台からの眺め

140

コースガイド

展望の尾根を大福山へ

紀泉山脈を大阪側の海端の駅から和歌山側へ歩くと、大きな山脈を大横断した気持ちになる。俎石山・大福山・札立山を結ぶコースは、そんな充実した気持ちを味わうことができる。

南海電鉄本線「箱作」駅❶で下車し、万葉台・桃の木台の住宅地の東端を流れる飯ノ峯川に沿った遊歩道を歩いていく。

箱作駅から1時間強で桃の木台の奥にある車利用者用の登山口❷からの道と合流し、南に谷筋の道を登っていく。枝道がいくつかあるので、間違えないようにしよう。

分岐から1時間半近く歩くと、北展望台に着く。俎石山の一角で展望は抜群だ。大阪湾や六甲山系などが広がり、関西国際空港から飛び立つ飛行機もよく見える。

整備された山道を5分ほど歩けば、俎石山山頂❸だ。俎石山山頂は北展望台ほど眺望はよくないが、灌木越しに泉南飯盛山など紀泉高原の低い山々が見える。

標高300mから400mと低い稜線だが、大縦走をしている気分にもなってくる。俎石山から20分ほど歩くと、大福山の山頂❹。俎石山のほうが三角点もあり人気だが、大福山のほうが427mと10mほど標高が高い。山頂は広く展望もきく。

札立山へと縦走する

大福山から左手に進めば地蔵山・雲山峰に縦走できるが、道標を確認し、右手へ南下していこう。なだらかで明瞭な道を下っていくと、40分ほどで奥辺峠❺に着く。雑木林に囲まれた明るい峠だ。

奥辺峠からは有功中道、八王子跡道と直接JR阪和線「六十谷」駅に下る道があるが、右手に札立山をめざす。

▲ 飯ノ峯川の畔を歩く

▲ 明るい尾根の道

▲ 樹間に大阪湾を望む

▲ シダの繁る登山道

34 俎石山・鳴滝不動尊

南海電鉄・JR西日本―大阪府・和歌山県

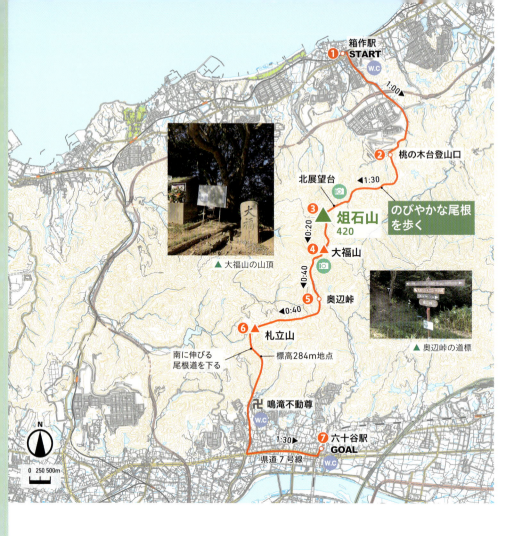

34 俎石山・鳴滝不動尊

南海電鉄・JR西日本 ― 大阪府・和歌山県

いくつかのアップダウンを繰り返し、40分ほど歩くと**札立山❻**の山頂に着く。尾根からは和歌山側の眺めがよい。

札立山からは鳴滝不動尊へ下りていく。六十谷という地名が示すように周辺は小さな谷が複雑に入り組んでいる。迷いこまないように注意しよう。

近年の豪雨などの復旧で立入禁止になっているルートもある。安全なのは、札立山から南に下り、標高330mほどの山の手前から直接鳴滝不動尊に下りるコース。札立山の南に284mの標高を示す地点（地図参照）があるが、その尾根を下っていくのがよい。道標はないが道は明瞭だ。

下りきったところが鳴滝不動尊。**JR阪和線「六十谷」駅❼**は鳴滝不動尊から住宅地を抜けて30分ほど。わかりにくい場合は南に県道7号線に出て、東に歩くと駅が見える。

逆コース・アドバイス

- 鳴滝不動尊からの尾根への取りつき、札立山までが少しわかりにくいので、あまりおすすめできない
- 時間的、体力的には、逆コースをたどっても大差はない

▲ のんびりできる大福山山頂

▲ 札立山の尾根から和歌山市街を望む

▲ 六十谷地区から見た札立山

森閑とした鳴滝不動尊

滝行で身を清める修行僧もいる

「鳴滝のお不動さん」として親しまれた鳴滝不動尊。山岳宗教の修行の場で、不動滝には身を清める修行僧はもちろん、多くの人が涼を求めて訪れる。護摩堂、弁天堂など、お堂めぐりをしてみてもいいだろう。

また、鳴滝不動尊には味噌を壺に入れて祈祷すると病気が治る「みそ封じ」という独特の信仰行事がある。山岳信仰に興味があれば、鳴滝不動尊を持つ圓明寺も参拝してくるのもいい。鳴滝不動尊からは南に歩いて5分ほどだ。

【監修】木暮人倶楽部　森林・山歩きの会

「さまざまな団体や個人と連携して、素晴らしい日本の木の文化や天然志向の木のよさを社会に広める」ことなどを目的として設立された木暮人倶楽部内に設けられた分科会。全国各地の山々や森林、渓谷などを探訪し、その情報を広く発信することを目的に活動。

企画・制作　有限会社イー・プランニング

取材・撮影・編集　木暮人倶楽部 森林・山歩きの会
　　　　　　　　　（事務局：菱田編集企画事務所・NPO法人シニアテック研究所）

【取材・写真協力】
菱田拓／東原龍治／長南善行／菱田義和／イノウエプラス

【写真・イラスト協力一覧】
iStock　Achisatha　Khamsuwan／bhidethescene／Takosan／SeanPavonePhoto／gyro／Bossiema／danieldep／NeoPhoto／shirophoto／MasaoTaira／
フォトライブラリー　masa／yori／絶景探検家ふく／KUMA.／カグーの鳴き声／にしもり
写真AC　PEAKS＆WEIG／だんご1974／mac1917／photoB／ロッシー／kimtoru／niboshi-neko／
Adobe Stock　VVadi4ka

関西　駅から楽しむ日帰り山歩き
厳選コースガイド 増補改訂版

2025年3月10日　第1版・第1刷発行

監　修　木暮人倶楽部　森林・山歩きの会（こぐれびとくらぶ　しんりん・やまあるきのかい）
発行者　株式会社メイツユニバーサルコンテンツ
　　　　代表者　大羽孝志
　　　　〒102-0093東京都千代田区平河町一丁目1-8
印　刷　株式会社厚徳社

◎『メイツ出版』は当社の商標です。

●本書の一部、あるいは全部を無断でコピーすることは、法律で認められた場合を除き、
　著作権の侵害となりますので禁止します。
●定価はカバーに表示してあります。
©イー・プランニング,2021,2025. ISBN978-4-7804-3000-4 C2026　Printed in Japan.

ご意見・ご感想はホームページから承っております。
ウェブサイト　https://www.mates-publishing.co.jp/

企画担当：千代　寧

※本書は2021年発行『関西 駅から楽しむ日帰り山歩き 厳選コースガイド』を元に
　内容を確認し、新規内容を追加、書名・装丁を変更して新たに発行したものです。